税務署が嫌がる「税金0円」の裏ワザ

サラリーマンにもできる「合法的脱税術」

大村大次郎 元国税調査官
OMURA Ojiro

双葉新書 046

まえがき

現在、世界は未曾有の大不況に突入しているといわれています。

日本ももちろん、いつ出られるとも知れない長い不況のトンネルに入ってしまった感があります。

社会情勢に大きな変動があったとき、社会に大きな不安が巻き起こったとき、立場が弱い者がもっとも大きな損害を被ります。

日本の社会では、サラリーマンに全部、不況のしわ寄せがきているようです。

サラリーマンというのは、景気がいいときにはなかなか賃金は上がらないのに、景気が悪くなれば真っ先に賃金を削られます。

リーマン・ショック前まで続いていた戦後最長ともいわれる好況期に、賃金がまともに上がったサラリーマンなんてほとんどいないでしょう。なのに、不況になった途端、当然のように賃金が下げられるのだから、たまったもんじゃないというところです。

賃上げなんて夢の夢、ボーナスは大幅カット、給料の減額も普通に行われています。

まさに「リストラしないだけマシと思え」というような勢いです。労働組合なんかもその勢いに押されて、「どうかリストラだけはご勘弁を」とすっかり意気消沈して、賃上げどころではありません。

となると、もう自分で賃下げ分はカバーするしかないでしょう。

ところでもし、今の給料が50％アップするといわれたら、あなたはどうしますか？

仕事を変えろ、というわけではありません。このご時世、仕事を変えて給料が50％も上がるなんてことは、そうそうあるものではありません。

私がいっているのは、今とまったく同じ仕事をしながら、給料を簡単に50％アップさせる方法があるということです。

そうです、それは節税です。

あまり知られていませんが、サラリーマンの支出の中でもっとも大きいのは税金と社会保険料なのです。2つ合わせて収入の40％程度になります。つまり、あなたが自分の給料として使っているお金というのは、実は本来の給料の6割程度なのです。

もしあなたの手取りが毎月30万円だとすれば、本来は50万円もらっているはずというわけです。この50万円をもし丸々もらうことになれば、今の手取り額の66％増しということになります。つまり、もし税金と社会保険料を安くすることができれば、あなたの給料を50％以上アップさせることも可能なのです。

本書は脱税の指南書ではありません。税法の抜け穴をついた、際どい節税策を紹介するというのが趣旨です。しかも対象はサラリーマンです。

紹介している方法は、大きく分けて3つです。

1つは、副業をして税金を安くする（ゼロにする）方法。

もう1つは、不動産を購入して大家になり、税金を安くする（ゼロにする）方法。

そしてもう1つは、会社と業務契約を結んで税金を安くする（ゼロにする）方法。

これらの方法はいずれも、税金に詳しい人たちにとっては、以前から知られてきたものです。でも実際のやり方などは、あまり紹介されてきませんでした。

なぜなら、とても際どい節税策であり、税理士などの税の専門家はとても推奨できないため、必然的に一般には紹介されてこなかったのです。一部、書籍などで紹介されているものもありますが、断片的な情報にとどまっています。

この本では、これらの方法をそのメリット、デメリットを含めて包括的に紹介しようと思っています。

この本で紹介する節税方法は、すべてのサラリーマンが知っておいて絶対に損はないものです。うまくアレンジすれば、なんらかの形でこの節税方法を使えるはずです。

またこれらの方法を知ることで、今、あなたが払っている税金のなんたるかが見えてくるはずです。これからの時代、税金を会社任せ、国任せにしていてはなりません。サラリーマンも、自分の税金に責任を持たなければならないと筆者は思うのです。

税務署が嫌がる「税金0円」の裏ワザ　目次

第2章 副業で赤字を積み上げる

第3章　不動産経営という黄金の方法

※本書は、2009年に発刊された『悪の税金学』（双葉社）を加筆修正したものです。

第1章

「税金を払わない」という選択

トヨタ社長の実質的な税負担率は平均的サラリーマンより低い

本書は、サラリーマンが裏ワザを使って税金を安くする方法をご紹介するものです。これまで筆者は、税金を安くする裏ワザなどの本を書いてきました。

「この著者はけしからん、税金はきちんと払うべき」

というようなお叱りもたびたび受けます。

もちろん、税金は法律に基づいて払うべきだと筆者も思います。しかし、**今の税制というのは、実にメチャクチャです**。こんな税制の中で、まともに税金を払うのは、非常にバカバカしいことだといえます。今の税制の中で、税金をたくさん払うことは、むしろ世の中のためにもならないとさえいえます。だから筆者は、**合法的にできるだけ税金を払わない方がいいといっているのです**。

今の税制は何がメチャクチャなのか？　1つ、象徴的な例を挙げましょう。

信じられないことかもしれませんが、トヨタの社長の実質的な税負担率というのは、実は平均的なサラリーマンよりも安いのです。

トヨタの社長、豊田章男《とよだあきお》氏の2010年の収入は約3億4000万円です。そして彼が負担する所得税と社会保険料の合計は5438万円なのです。住民税を含めても約21%に過ぎません。

一方、サラリーマンの平均年収は約430万円です。彼らが負担している税金と社会保険料の合計は149万円です。実質的な税負担率は、約35%です。

トヨタ社長（2010年）
年収…約3億4000万円
税と社会保険料の合計支払額…約5438万円
実質税負担率…20・7%

平均的サラリーマン（2008年）
年収…約430万円
税と社会保険料の合計支払額…約149万円
実質税負担率…34・6%
＊『税金は金持ちから取れ』（武田知弘著・週刊金曜日）より。

財務省や財界は、よく「日本の金持ちの税金は世界的に高い」といいふらしています。でも、この言葉にはカラクリがあるのです。

制度の表面上は、金持ちの税金は高くなっていますが、巧妙な仕組みによって実質的には平均的なサラリーマンよりも安くなっているのです。

確かに所得税の税率だけを見るならば、累進課税の制度があるので、高額所得者の税金は高くなるようになっています。

しかし、私たちが負担している税金は所得税だけではありません。住民税も負担しているし、消費税も負担しています。また社会保険料も義務として払わなければならないものだから実質的な税金です。欧米では、税負担率を考える場合、社会保険料もセットとしてみます。日本でも、当然、その考え方を用いるべきなのです。

そして、これらの税金を総合的に見た場合、金持ちの負担率は非常に低くなるのです。

トヨタの社長は3億円以上も収入があるのに、負担率は約20%なのですよ!!

我々は、35%近くも負担しているというのに、冗談にもほどがあるというものです。

こんなメチャクチャな税制で、税金を納めるのはバカバカしいのです。

トヨタ社長の社会保険料負担率はわずか0・4%

では、どうして、トヨタの社長の税負担率が低くなっているか、ご説明しましょう。

金持ちの税金は、名目上は高く設定されていますが、様々な抜け穴があり、実質的な課税が低くなっているのです。

トヨタの社長の場合、まずは配当所得に対する優遇税制です。現在、配当所得は証券優遇制度のために、どんなに収入があっても所得税、住民税合わせて一律10%でいいことになっています。これは、配当所得を優遇することで、経済を活性化させようという小泉内閣時代の経済政策によるものです。

豊田《とよだ》社長の収入の半分以上は、持ち株の配当によるものです。それらの収入に対する税金は、わずか10%で済んでいるのです。

そしてもう1つの理由は、社会保険料の〝掛け金上限制度〟です。現在の社会保険料は、事業者負担、本人負担合計で約30%となっています。でも社会保険料の掛け金には上限があり、だいたい年収1000万円程度の人が最高額となります。それ以上収入がある人は、いくら多くてもそれ以上払う必要はないのです。

だから年収1000万円を超えれば、収入が増えれば増えるほど社会保険料の負担率は下がっていきます。おおまかにいって年収1億円の人の社会保険料率は、普通の人の10分の1となり、年収3億円の人は30分の1となります。そのため、豊田章男《とよだあきお》氏の社会保険料負担率はわずか0・4%となっているのです。

だから、所得税、住民税、社会保険料の合計負担率を比較した場合、トヨタの社長や高額所得者は非常に低くなるのです。

税金や社会保険料というのは、人々の生活の様々なリスクに備えるために、各人がその収入に応じて負担し、社会の安寧を図る、という目的があるはずです。

しかし、**日本の場合は、高額所得者は応分の負担から逃れているのです。**

腹が立ちませんか？

このまま金持ちに都合のいい国になっていけば、日本はすごく嫌な国になるはずです。

※決してトヨタの社長を責めているのではありません。悪いのは不公平な税制ですので、あしからず。

平均以下のサラリーマンの税負担率は世界一

次に、日本のサラリーマンがどのくらい税金、社会保険料を取られているのかをご説明しましょう。

驚いてはいけませんよ。

実は、日本の平均的なサラリーマンの税金、社会保険料の負担率は、実質的には世界一高いのです。

名目的には、日本の国民の税金と社会保険料の負担額は約40%なので、スウェーデンやイギリス、ドイツなどよりは低くなっています。

でも日本の場合は、中流層以下に非常に厚くかかるようなシステムになっています。だいたい収入の半分は何らかの形で税金もしくは税金もどきで取られてしまっているのです。

低所得者層にとっての負担率は、日本が世界で一番高いのです。

しかも、ヨーロッパ諸国やスウェーデンなどの北欧は、日本よりもはるかに社会保障が充実しています。高い税金でもそれなりの見返りがあるというものです。

しかし、日本の場合は、社会保障に使われる税金の割合は先進国の中でも下から数えた方が早いのです。

だから、普通のサラリーマンにとって、実質的な税金、社会保険料負担率は、世界一高いといえるのです。

40％以上も税金や社会保険料を取られているってどんなことか、想像してみてください。

本当はあなたの収入は今の2倍あるんですよ。でも、半分を公に削り取られているんです。

そして、先ほども述べたように、高額所得者には非常に低い税率、社会保険料しか課していないのです。

消費税の増税で大喜びする財界

こんな不公平な税制がまかり通っている中で、2012年8月には消費税の増税法案が可決されてしまいました。

「消費税は公平な税金」

と思っている人も多いようですが、一応、税の専門家である私からいえば、消費税ほど不公平な税金はないといえます。

消費税は、高額所得者に非常に有利で、低所得者に非常に不利な税金なのです。

というのも、低所得者は、収入のほとんどを消費に回すので、収入に対する消費税の割合は、限りなく5％に近いことになります。

たとえば、年収200万円の人は、200万円を全部消費に使うので、消費税を10万円払っていることになります。200万円のうちの10万円払っているということは、つまり収入に5％課税されるのと同じことなのです。

しかし、高額所得者は、所得のうち消費に回す分は少ないものです。だから、所得に対する消費税率の割合は非常に小さくなります。

たとえば1億円の収入がある人が、2000万円を消費に回し、残りの8000万円を金融資産に回したとします。この人は所得のうち5分の1しか消費に回していないので、所得に対する消費税の課税割合も5分の1です。つまり、収入に対する消費税率は、1％で済むのです。

もし、これと同じ税率が所得税に課せられていれば、世間は大反発するはずです。**高額所得者の所得税が1％で、低所得者の所得税が5％だったら、誰だっておかしいと思うでしょう。それと同じことをやっているのが、消費税なのです。**

消費税は仕組みがわかりにくいので、なかなかその実態が見えてきませんが、お金の流れだけをしっかり追えば、その不公平ぶりが見えてくるものなのです。

高額所得者にとって非常に有利な税金なので、財界や資産家は、こぞって消費税を推奨してきました。そして、今、大喜びしているはずです。

20年前の税制に戻せば、税収は今の2倍！

今の税制がどれだけおかしいか、ということをもう少し説明したいと思います。

信じられないことかもしれませんが、**実は消費税が導入される前の税制に戻せば、税収は今の2倍になるのです。**

消費税導入前の１９８８年の税収は50兆円もあったのです。

しかし、今は37兆円にまで減収しています。

この最大の原因は、法人税と高額所得者への減税です。この20年の間に、法人税は10％以上、高額所得者の税率は20％も下げられました。消費税の導入で税収が増えた分以上に、大企業と金持ちの税金を安くしていたのです。つまり、消費税というのは、大企業と金持ちの税金を下げるために作られたようなものなのです。

現在は、20年前より、GDPは25％も大きくなっています。だから、本来ならば、税収も20年前より25％増えていなくてはおかしいのです。

もし、20年前の税制に戻せば、単純計算でも60兆円以上の税収になるのです。これは、今の税収の倍近い額です。

本当は消費税など、まったく必要なかったのです。

法人税…1988年（18・4兆円）↓2010年（6・0兆円）
所得税…1988年（18・0兆円）↓2010年（12・7兆円）
相続税…1988年（1・8兆円）↓2010年（1・3兆円）
消費税…1988年（0円）↓2010年（9・6兆円）
その他…1988年（12・6兆円）↓2010年（7・8兆円）

合計…1988年（50・8兆円）→2010年（37・4兆円）

この10年間、億万長者が激増している

多くの人は、今、日本経済は苦しいから、億万長者は減っていると思っているでしょう。

でも、実は大違いです。

この10年間で、億万長者は激増しているのです。

国税庁の統計資料によれば、5000万円以上の報酬をもらっている人は、1999年には8000人ちょっとだったのが、2008年には2万7000人になっています。この国税庁の統計資料は、給与所得者と自営業者を対象としており、配当所得者などは含まれていません。なので、それを含めれば最低でも5万人を超えると推測されるのです。

年間報酬5000万円というと、その資産は億を超えるはずなので、億万長者といっていいでしょう。この階層の人が、現在、激増しているのです。

この10年間、サラリーマンの平均給料は下がりっぱなしです。にもかかわらず、てっぺんの階層は増え続けていたのです。

私が、日本の税制がおかしい、といっているのは、このことがあるからなのです。なぜ、激増している億万長者には減税をし、給料が下がり続けている我々にばかり税負担を増すのか。

今の税制の中で、税金を納めることは本当にバカバカしいことなのです。

会社の金には強いけど、自分の金には疎いサラリーマン

このように、税を絞り取られているサラリーマンですが、一体なぜこんなことになったのでしょう？

1つの要因に、サラリーマンが税に疎いということが挙げられると筆者は思います。

でもサラリーマンは数字に疎いというわけではありません。

非常に複雑な数値を使った仕事をしている方もたくさんいらっしゃいますし、決算書を読める方もたくさんいます。

また会社の経理担当者の方には、会計などの数字に非常に詳しい方もいます。

しかし、こと自分の税金に関しては本当に知らないんです。

筆者は、仕事がらビジネス誌の記者などとお話しをする機会があるのですが、彼らの中にも、「家を買ったら税金が安くなるんですか？」などと、とぼけたことをおっしゃることがあります。

税金って、経済のかなり中心部分にある分野だと思われるんですよ。その経済の中心について、ビジネス誌の記者があまり知らないというのは、ちょっとびっくりしました。ちなみに、ローンを組んで家を買えば、住宅ローン控除が受けられるので、税金が安くなるのです。

おそらく、サラリーマンは税金は会社から源泉徴収されていて、自分で考える必要がないから、まったく考えていないんだろうと、思われます。

サラリーマンは自分の税金の計算を自分でしたことがない人がほとんどです。だから、自分がいくら税金を取られているのかということもほとんど知らないようです。

これが自営業者とか、会社経営者ならば、まったく違います。

彼らは、自分で得た利益の中から、税金を払わなければなりません。自分で決算書を作り、税務申告をします。税理士にお願いすることもありますが、そうであっても税務申告の内容はしっかり知っています。

「せっかく稼いだ金を税金で取られるのは嫌」

彼らはそういう意識の元に、あらゆる手を尽くします。だから必然的に彼らは税金に詳しくなります。


為政者の間では、昔からいわれてきたことがあります。

「税金は取りやすいところから取れ」

ということです。

税金というのは国民が一番嫌がるもの、政治家や官僚にとって、いかにして税金を取るかというのは、永遠のテーマでもあります。

そういう中、税金を取りやすいところが見つかれば、そこから集中的に取れ、という考え方が生まれたのです。

この考え方を用いた場合、サラリーマンはまさに絶好のターゲットだといえます。税金に疎く、ちょっと増税したくらいでは気付かない、だからサラリーマンは何度も何度も増税を食らわせられているのです。

税金に疎い人はお金に疎くなる

先ほど、「サラリーマンは税金に疎い」ということを述べましたが、私のこれまでの経験からいわせていただくと、「税金に疎い人はお金自体にも疎くなる」という傾向があるようです。

お金にうるさい人は、税金にもとてもうるさいものです。

税金というのは、下手をすれば収入の半分を持っていかれるものです。これをうまく制するかどうかで、金銭的な面はまったく違ってきます。

だからお金にうるさい人は、必然的に税金にうるさくなるのです。

一方、大半のサラリーマンは、税金にうるさくありません。税金について諦めている感があります。

その結果、お金に関しても、非常に消極的、会社任せになっているように思われるんです。

「サラリーマンの収入は会社に左右される」

「サラリーマンはどんなに頑張っても、自分の収入は自分では決められない」

そう思っている人が多いようです。お金に対する考え方が、硬直化してしまっているのです。

サラリーマンといえども、会社の奴隷ではありません。何もかも会社に管理されているわけではないのです。

会社以外での経済活動も、やろうと思えばやれます。特に昨今は、ネットを使えば簡単にビジネスがはじめられます。会社の給料だけが金ではないのです。

また会社の給料にしても、同じ仕事をして対価をもらうならば、費用対効果を考えなくてはなりません。黙っていては、税金と社会保険料でしこたま取られてしまうだけなのです。

節税というのは、ちょっとした知識があればすぐにできるものなのです。

たとえば、民間の個人年金に加入していれば、税金が安くなるということを知っていましたか？　公的年金ではない、民間の保険会社などが売り出している年金に入ると、税金が安くなるのです。

生命保険に入っていれば、税金が安くなることを知っている人は多いでしょう。でも生命保険料控除とともに、個人年金に加入している人も、税金が安くなるのです。

個人年金というのは、保険会社などが販売している年金タイプの金融商品です。昨今の年金不安の中、加入者も増加しているようです。毎月1万円程度の掛け金を払っていれば、だいたい1〜3万円くらいの節税になります。

もし何か金融商品を買おうと思っている人は、ぜひこのことを頭に置いておきたいものです。

とまあ、こういう具合に、「サラリーマンは、自分のお金は自由にならない」という思い込みを解き、ちょっとした知識を持てば、かなり自由にお金を手にすることができるのです。

税金は黙っていれば損をする

税金を自動的に取られているサラリーマンにとって、「税金というのは公平に課税されている」と思いたいところです。しかし、残念なことにそうではありません。

税制というのは、黙っている人や、大人しい人が損をするようになっているのです。

そして、税金の知識を仕入れて、際どいこと、小賢しいことをする人が得をするようになっているのです。

たとえば、とある上場企業の創業者などは、子供を海外に移住させ、海外に持ち株会社を作るなど、税法のギリギリをついて1千数百億円の税金を免れていたというようなケースもあります。

一生かかっても使いきれない金を持っていながら、さらに税金も払わないのです。給料から有無をいわさず税金を取られているサラリーマンにしてみれば、癪《しゃく》にさわる話でしょう。

しかし、サラリーマンも嘆いてばかりはいられません。先ほどもいいましたように、サラリーマンも税法の穴をついて、税金を免れるべきです。

また税金をつかさどる税務署という機関、ここもまた小賢しいところであります。税務署は、少しでも多くの税金を取るのが仕事です。表向きは、「公平で円滑な税務行政」という看板を掲げていますが、本質的には、「とにかく税収を上げる」という目的を持っています。税務署にいた私がいうのだから間違いありません。もし異論がある税務署員がいたら、名乗り出てほしいものです。

で、**税務署というところはズルイことに、税金を取ることには絶対に手を抜かないくせに、税金が安くなることに関しては、なかなか広報しないのです。**法律で決められた節税策も、税務署のほうからはなかなか教えないのです。「確定申告はお早めに」などと、税金を納めることに関しては、うるさく宣伝するにもかかわらず、です。

たとえば、一昨年、新しく地震保険控除というものができたのをご存じですか？　詳しくは後述しますが、生命保険と同じくらいの節税効果があり、該当者もけっこう多いはずです。にもかかわらず、ほとんど知られていないのです。

税務署が、「納税者に節税の方法を教えるのは仕事ではない」と思っている、何よりの証拠だといえるでしょう。

こういう具合に、税金というのは、黙っているもの、無知なものが損をするようになっているのです。このままでは、金持ちや税務署にしてやられてばかりです。

なんでサラリーマンは怒らないの？

昨今、中流層以下のサラリーマンをターゲットにした増税ばかりが続いています。いや、増税自体は行われていないんですが、実質的な増税は行われているんです。

たとえば、2004年には配偶者特別控除というものが廃止されました。配偶者特別控除というのは、仕事をしていない奥さん（もしくは夫）がいる人は、特別に控除が受けられます、という制度でした。

この配偶者特別控除は、働きたくても働けないお母さん、小さい子供がいる家庭、子供がたくさんいる家庭などの税金を安くする働きを持っていました。でも税収アップのために、廃止されてしまったのです。

つまり、一番お金がいる家庭、一番苦しい家庭に対して増税を行ったのです。

「削るところはもっと他にあるだろう」

と思うのは、私だけではないでしょう。

また2007年には、住民税改正のドサクサに紛れて、低所得者層の増税が行われています。

２００７年の住民税改正では、国は、「実質的な税金は変わらない」と説明してきました。でも、よくよく検討するとこれは真っ赤な嘘だったのです。

それまでの住民税は、所得の多寡に応じて、５％、10％、13％の三段階に税率が分かれていたのですが、２００７年の改正で所得の多寡にかかわらず、一律10％という税率になりました。

その代わり所得税の税率で調節し、所得税と住民税の２つを合わせた税率はプラスマイナスゼロになるように設定されたのです。

国はこの改正について、「住民税と所得税と合わせればプラスマイナスゼロなので、増税ではない」と説明してきました。


でも実はこれは事実ではないんです。

というのは住民税と所得税では、課税範囲がちょっと違うんです。

住民税のほうが、所得税よりも課税範囲が広いのです。住民税と所得税では、同じ所得であっても、住民税のほうが高くなるのです。

そして２００７年の改正では、高額所得者は所得税の割合が増えて住民税が減り、低額所得者は所得税の割合が減って住民税が増えるということになっています。

ということは、住民税の割合が減った高額所得者は減税となり、住民税の割合が高くなった低所得者は増税となったのです。

そして住民税は、課税最低限が所得税よりも低く設定されています。

つまり、**所得税を下げて住民税を上げるということは、これまで税金を払わなくてよかった低所得者層に税金を課すようになった、というわけです。**

「２００７年の住民税の改正はプラスマイナスゼロ」

というのは、嘘なわけです。

これは計算をすれば、だれだってすぐにわかる歴然たる事実なのです。

なのに、国民はだれも怒らない、野党だって共産党も含めどこもほとんど文句をいってないのです。

政治家やマスコミまでもが税金のことをいかに知らないか、ということの象徴的な出来事だと筆者は思います。

住民税増税のカラクリ

改正前の住民税の税率	改正後の住民税の税率
200万円以下……………………5%	一律10%
200万円超700万円以下……10%	
700万円超……………………13%	

ということは…

税率５%の人（所得が200万円以下）は住民税の増税になる。

改正前の所得税の税率	改正後の所得税の税率
	195万円以下 …………… 5%
330万円以下 ……………10%	330万円以下 ……………10%
	695万円以下 ……………20%
900万円以下 ……………20%	900万円以下 ……………23%
1800万円以下 …………30%	1800万円以下 …………33%
1800万円超 ……………33%	1800万円超 ……………40%

「改正前の住民税の段階税率は、所得税の税率に上乗せされるので、税負担は変わりません」

と国は説明したが…

所得税 ＜ 住民税

なので、住民税が上がった人（所得が200万円以下）にとっては、実質的に増税となり、住民税が下がった人（所得が700万円超）にとっては減税となった。

サラリーマンの税金革命

このように、為政者にいいように税金を取られているサラリーマンですが、反抗する方法もあります。

といっても、別に市民運動を起こしてデモを行う、というようなエネルギーのかかるものではありません。

「税金を払わない」

という方法です。

「サラリーマンは税金を払うも払わないも、会社から税金を天引きされているじゃないか？」

確かにその通りです。

でもやり方によっては、税金や社会保険料を払わなくて済む、もしくは非常に軽減できるのです。

サラリーマンは、自分の税金はすべて決められていて、動かしようがないと思っている方が多いものです。

しかし、決してそうではありません。

現代の税制では、「サラリーマンは大人しく税金を払うもの」という建前のもとに構築されています。逆にいえば、サラリーマンに対する法の網というのは、非常に緩いわけです。

サラリーマンの税金は、税務署ではなく、会社で完結することになっているので、税務署が手出しできる範囲が狭いのです。

具体的にいえば、本書では、サラリーマンが副業をして節税をするという方法を紹介しますが、税務当局は、副業をしているサラリーマンへの対処法などはほとんど持っていません。

そのため税法は抜け穴だらけであり、サラリーマンは副業をすれば容易に自営業と同じように節税できるのです。

他にも、大家になって節税する方法、会社と業務委託をして節税する方法等々、税金を払わない方法はあるのです。

だから**サラリーマンが本気で節税に乗り出したら、けっこう凄いことになるはずなん**

です。

それはサラリーマンのためであり、日本の今後のためでもあると思われます。

サラリーマンは、納税額を少なくし、財政を干上がらせて、税制の根本的な改革を促すべきだと筆者は思っているのです。

"名目金持ち"と"本当の金持ち"

ちょっと話は変わりますが、あなたは金持ちになりたいと思ったことはありませんか?

金持ちというとだれもが羨む境遇でしょう。

だれもが自分も金持ちになりたいと思っているものだと思われます(よほど変人ではない限り)。

いくら税金や社会保険料がかかっても、自分が「金持ち」の境遇でいられるなら文句はないはずです。

逆にいえば、いくら金持ちであっても、税金や社会保険料が重くのしかかり、生活が苦しければ、「金持ち」には何の価値もないといえます。

ただ一言に金持ちといっても、その定義にはいろいろあります。

何十億、何百億という天文学的な財産を持っている人を指す場合もあり、普通の人より少しでもお金に余裕がある人のことを指す場合もあります。

また先ほども述べたように、日本のサラリーマンは名目の上ではみな金持ちに入ります。でも、実際の生活は金持ちとは程遠いことは、ご存じのはずです。

あなたは本当の金持ちとはどんな人だと思いますか？

筆者は、本当の金持ちというのは、「必要なときに必要なだけのお金を持っている人」だと思います。

お金というのは、あまりありすぎても、自分では使うことはできません。またありすぎると、お金を減らすことに恐怖を覚えるようになったり、だれかに狙われまいかとビクビクして生きていく羽目になったりします。

下手に資産などを子孫に残したりすると、骨肉の争いの原因になったりします。現実に筆者は税務署でそういう家族をいくつも見てきました。

だからお金というのは、あまりありすぎるのも人を幸福にはしないものなのです。

かといって、まったくないのでは話になりません。明日の生活にもたちまち支障をきたしてしまいます。

お金はある程度は絶対に必要なものなのです。


ではどの程度あればいいかというと、「自分に必要なだけ」あればいいはずです。

ところが、自分にどれだけ必要かというのは、なかなか正確なところはわからないものです。

節約すれば月10万円で生活することも可能でしょう。

でも病気になれば、とてもそれではやっていけない。

それは月100万円あっても同じことです。もし家族が難病にかかったりすれば、相当なお金がかかります。

かといって、いつもいつも家族が難病にかかったときの資金を準備しておくのは大変なことです。

では、どうすればいいか、というと、**お金の頭（収入）と尻尾（経費）をしっかりつかむのです**。

収入と支出を自在に動かせるようになれば、必要なお金は必要なときに得ることができるのです。

あなたは明日1000万円用意できますか？

前項では、本当の金持ちとは、「必要なときに必要なお金を用意できる人」ということを述べました。

ところで、もしあなたが「明日1000万円用意しろ」といわれたら、用意することができますか？

子供さんが誘拐などをされて、身代金を要求されたなど、人生には急に大金が必要な場合も起きるかもしれません。

年収500万円くらいのサラリーマンならば、貯金も数百万円程度なので、1000

万円もの大金を用意するのはちょっと難しいと思ってしまうでしょう。

でも、やろうと思えばやれないことはないのです。

まず人から借りるという方法があります。

借金をしたことがない人はわからないかもしれませんが、人というのはけっこうお金を貸してくれるものなのです。1000万円全額などは無理ですが、数十万円～百万円程度ならば、けっこう貸してくれます。

これまで借金まみれだった人は別ですが、ほとんど人から借金などしたことのない人、したとしてもちゃんと返している人ならば、ある程度親しい人であれば、それなりにお金を貸してくれるものです。

親兄弟ならば、1人当たり100万円～200万円は貸してくれるでしょう。親兄弟が5～6人いれば、1000万円などはすぐに借りることができます。

親兄弟がそんなにいない人は、会社の上司や同僚に頼んで、数十万円ずつ借りることにしましょう。

そしてそれでも足りない場合は、消費者ローンを利用しましょう。サラリーマンで、今まで一度も消費者ローンを使ったことがない人ならば、簡単に借りることができます。数社と契約すれば数百万円は簡単に手に入れることができます。

という具合に、サラリーマンでも、やろうと思えば１０００万円なんてすぐに用意することができるのです。

いや、むしろここに挙げた方法はサラリーマンだからこそできる方法です。自営業の人は、世間的にも浮き沈みが激しいと思われているので、あまりお金を貸してもらえないものです。それは消費者ローンでも同じことです。


ここに挙げた「明日１０００万円を用意する方法」は、本文の内容とはそれほど関係あるものではありません。

ただサラリーマンは、お金についてはまったく自由が利かないと思いこんでおられる方が多いので、「そういうことはありませんよ、発想を変えればできることはたくさんあるんですよ」ということを説明したかっただけです。いわば頭の体操として紹介させてもらった次第です。

お金には頭と尻尾がある

先ほど申し上げましたが、お金を自由にするには、お金の頭と尻尾をつかまなければなりません。

頭と尻尾？

と思われた方も多いでしょう。

お金を増やす方法は、実は2つしかありません。

収入を増やすか、経費を減らすか、です。

「収入」と「経費」を自由自在に使いこなす、というのがお金を自由に使う、ということになります。つまり、お金の「頭＝収入」と「尻尾＝経費」をしっかりつかんでいれば、お金に不自由しないということです。

な〜んだ、そんなことか？

と思ったあなた、そう簡単なものではありませんよ。これって実はわかりきっているようで、あまり気付かれていないことなんです。

「サラリーマンは収入も経費も自由に決められない、サラリーマンが金を増やすのは会社次第」

そう思っている人も多いでしょう。

しかし、決してそうではありません。

収入を増やすのは、会社の業績やあなたに対する評価が関係することであり、この本の趣旨ではないので、はずします。

でも、「経費」については、サラリーマンも動かすことができるのです。

サラリーマンの経費の中で、もっとも大きいのが税金と社会保険料なのです。先ほどもいいましたように、40％もありますからね。

これを削ることが、すなわちサラリーマンの実質的な収入を増やす、ということになるのです。

つまり、サラリーマンの「経費を減らす」というのが、この本の趣旨といえるのです。

また、収入とはいえませんが、「融資」については、サラリーマンは実は非常に有利な立場にあります。

サラリーマンは定収入があるので、融資を受けやすい、サラリーマンは気付いていないかも知れませんが、これは大きな武器でもあるのです。

たとえば、家を購入するようなとき、自営業者などはなかなか借り入れができません。でもサラリーマンならば、収入に見合った融資ならばすんなり通ります。

これは自宅の購入だけではなく、別荘や賃貸アパートを購入するようなときにもいえることなのです。

サラリーマンは「融資」をうまく使えば、けっこう快適なビジネスライフが送られるわけです。

これらのお金の「入り」と「出」を上手く制すようになる、それがこの本の趣旨でもあるのです。

税金を払わない方法はいくらでもある

この本では、サラリーマンが税金をほとんど払わないで済むような方法を紹介するつもりです。次章から、副業をやって節税する方法や不動産業をして節税する方法、独立して節税する方法などダイナミックな節税方法を紹介していきます。

ただその前に、そういう大技ではなく、簡単にできるプチ節税術を、ここでいくつか紹介したいと思います。

大技を紹介するには、まず税金の基本的な仕組みを知っておかなければなりません。なので、プチ節税法を紹介しながら、税金の基本的な仕組みも合わせてご説明しようと思っています。

まあ、練習問題として、読んでみてください。

ここから述べることは、私の著作の中では何度か触れているものなので、「それはもう知っているよ」という方は、すっとばして第2章に進んでください。

そもそもサラリーマンの税金とはどうなっているのでしょう?

サラリーマンの税金(所得税、住民税)というのは、その人の給料に応じて課税対象額が決められます。

そしてその人の状況に応じて様々な「所得控除」が決められています。所得控除というのは、一定の条件を満たす人は税金を安くしましょう、というものです。

つまり、「収入－所得控除」の残額に税金がかけられるのです。

サラリーマンの場合、収入は自分ではあまり動かせませんが、所得控除はけっこう動かせます。

所得控除というのは広範囲で認められており、これをうまく使えば、けっこう節税になるのです。しかし、サラリーマンはせっかく使える所得控除をみすみす見逃しているケースが非常に多いのです。

「所得控除などの税務計算は会社がすべてやってくれている」

と思っている方も多いでしょう。

でもそれは嘘です。

確かに、サラリーマンの税金の計算は会社がすべてやってくれることになっています。

けれど、それは、会社が最低限度やらなくてはならないことをやっているだけなのです。所得控除の中では、会社の手続きだけでは完結しないものや、会社が気づかずにし忘れているもの、などもあります。

会社は、サラリーマンの税金申告を完璧にしなくてはならない、という義務はありません。会社は、税金徴収不足はしてはならないけれど、過徴収していてもお咎めはないのです。

いってみれば、会社は税務署側に立って、税金徴収の代行をしているのであり、会社にとっての税務業務というのは税務署に怒られないようにすることを目的としているのです。

サラリーマンに有利な節税などには、まったく関知していないのです（中には社員の節税に熱心な会社もあります。外資系企業などはそうです）。

サラリーマンは自分できちんとチェックしてみれば、税金が還付になるケースがけっこうあるのです。

会社に任せっぱなしにしていれば、せっかくの税金が安くなる機会を失ってしまっていることがままあるのです。

紙切れ1枚で10万円税金を安くする方法

サラリーマンが一番損をしていると思われるのは、「扶養控除」です。扶養控除というのは、家族などを扶養しているときに、1人当たり38万円の所得控除を受けられるというものです。

扶養家族が1人増えると、平均的なサラリーマンでは所得税、住民税合わせて約8万円程度、税金が安くなります。社会保険料も減額されますので、10万円以上の節税ということになります。

所得控除の中で、もっとも節税効果が大きいのは扶養控除なのです。

この扶養控除、実は誤解がたくさんあるのです。

扶養控除というと、一緒に暮らしている未成年の子供、親だけしか入れられないと思っている人も多いようです。

でも、そんなことは決してないのです。

扶養控除というのは「生計を一にしている」6親等以内の血族もしくは3親等以内の姻族を扶養しているときに受けられるものです。

だから、おいの子供やめいの子供を扶養していれば、扶養控除に入れることができるのです。

そして「生計を一にしている」という言葉も、実は非常に曖昧なのです。金額的にどの程度養っていればOK、という明確な線引きがないのです。

たとえば、定年退職して年金暮らしの両親と一緒に暮らしているサラリーマンがいるとします。このサラリーマン、親に毎月5万円ほど入れていますが、両親は基本、年金で暮らしています。

このサラリーマンは、両親を扶養家族に入れることができると思いますか？

答えは、「グレー」です。

はっきりOKですとはいえません。ならば、申告されたら、はねられるかといえばそうでもないのです。

でも税務署員がこういうケースを自分で税務申告していることもけっこうあるんです。

また扶養というのは、必ずしも同居している必要はありません。

同居していなくても、ある程度、経済的な面倒を見ているのであれば、親族を扶養に入れることもできるのです。そして、金額的にどの程度、面倒を見ていればOKかという、明確な線引きもないのです。

基本は、自分の年金ですべて賄っているけど、いざというときに面倒を見ることになっている、老人ホームの保証人になっている、それだけで扶養に入れている人もけっこういるのです、税務署員で。

税務署員がやっているのだから、普通の市民ができないはずがありません。

またこれも誤解されがちなんですが、扶養に入れる人の年齢制限はありません。子供が成人したり、一旦、社会人になれば、もう二度と扶養には入れられないと思っている人も多いようですが、そうではありません。

一度、就職して、扶養からはずれた子供が、その後、会社を辞めてニートになった場合などもあらためて扶養に入れることができるのです。

子供が30歳であろうと、40歳であろうと（それ以上でも）、家で養っているのならば、扶養に入れることができるのです。

扶養控除を増やすのは、簡単です。扶養家族異動届というものを会社に出すだけでいいのです。

「扶養家族が増えたので、届け出をしたいんです」と総務の人にいえば、書き方も教えてくれるでしょう。

ただしその親族に、所得がある場合は、扶養控除に入れることはできません。「所得がないから扶養される」という建前になっているからです。だから、所得があるかどうかは、事前にきちんとチェックしましょう。

社会保険料は家族の分も控除できる

保険というのは、税金が安くなるアイテムです。保険に入っていれば、何らかの税制上の恩恵が受けられます。でも、これも情報が少ないことから控除をし忘れている人がけっこう多いのです。

代表的なのは、**社会保険料控除**です。

社会保険料控除は受け忘れが非常に多いのです。

社会保険料というのは、支払った額が全額「所得控除」の対象となります。たとえば、もし年間、60万円の社会保険料を払っていれば、課税対象となる所得が60万円減額されるのです。

そして誤解されがちなのですが、社会保険料というのは、自分の分だけじゃなく、家族の分も払っている場合、それも控除の対象となります。

たとえば、フリーターや派遣社員をしている子供の国民年金と国民健康保険を払ってあげているとすれば、それも控除できるのです。

また老親の社会保険料が高いので、その分を払ってあげているというような場合、これも自分の税金申告から控除することができるのです。

通常、サラリーマンの場合、社会保険料は会社が天引きしていますので、社会保険料控除の手続きも会社がやってくれることになっています。でも、会社が控除の手続きをしてくれるのは、あなたの社会保険料だけなのです。

だから、家族の分の社会保険料を払っていても、その分は会社はやってくれません。だから控除のし忘れとなっているのです。

個人年金に入れば税金が安くなる

昨今の年金不信の中、公的な年金だけではなく、民間の個人年金に加入している人も多いでしょう。

この個人年金って、加入している人は税金が安くなるって知ってましたか？生命保険に入っていれば、税金申告で控除になります。毎年、年末近くになると、総務から「生命保険の証明書を提出してください」といってくるはずなので、知っている人も多いでしょう。

この生命保険控除とともに、個人年金に加入している場合も、控除が受けられるのです。これは、知らない人がけっこう多いようです。

税務当局が、あまり広報していませんからね（税務当局は節税に関することは、なかなか広報しないのです）。

しかも、個人年金の控除は、源泉徴収票の中に欄がなく、「生命保険料控除等」という欄に足すことになっています。

だから個人年金の保険も控除忘れが非常に多いのです。

個人年金というのは、保険会社などが販売している年金タイプの金融商品です。保険の外交員に、生命保険と一緒にすすめられることが多いようです。だから、そうとは知らずに個人年金に加入している人もいると思われます。一度、自分の加入している保険会社に問い合わせてみてください。

生命保険の控除額は最高で5万円ですが、個人年金の控除額も同じ5万円の控除額があります。両者合わせて10万円です。

個人年金控除も、個人年金の証明書を会社に提出すれば、会社が手続きを全部してくれます。

あなたは地震保険控除を知っているか？

また**一昨年、新しく地震保険控除というものができました**。
これは、地震保険に加入している人は、税金申告の控除を受けられるというものです。日本は地震大国なのでこの控除ができたのですが、あまり宣伝されていないので知らない人も多いようです。

地震保険料が5万円以内の場合は全額が、5万円以上の場合は5万円が所得控除されます。生命保険と同じくらいの節税効果があるので、使わない手はありません。

地震保険は地震だけの単独のものはないので、火災保険に付帯したものということになります。

家やマンションを買ったときに、地震保険のついた火災保険に加入していたという人は要注意です。地震保険は、一昨年に始まった制度なので、家を買ったときには控除は受けられなかったケースも多いはずです。そういう場合は、この控除を気づかずにいるかもしれませんので。

地震保険の控除も、会社にいえば手続きは全部やってくれます。

なお、社会保険料控除も個人年金控除も地震保険控除も、もし会社にいうのを忘れた場合は、確定申告をすれば控除を受けることができます。

またもし去年以前の分も還付のし忘れがあっても、5年前までの分は遡《さかのぼ》って還付の確定申告をすることができます。

医療費控除は裏ワザがいっぱい

医療費がたくさんかかったとき、税金が安くなることをご存じの方も多いでしょう。

10万円以上か所得の5％以上、医療費がかかった人は、医療費控除というものを受けることができます。

「10万円も医療費はかかってない」

と、自分には関係ないと思っている人も多いようです。

でも医療費控除の対象って、けっこう広いんです。対象となる医療費というのは、病院に行ったときの診療費や入院費だけではありません。

たとえば通院にかかった交通費も対象となります。具合が悪くて電車には乗れず、タクシーを使ったような場合は、タクシー代も対象となるのです。

また保険外の薬を使ったような場合、それも医療費控除の対象となります。保険外の薬などは、非常に高いので、医療費控除を使わない手はありません。

歯医者に行ったときの治療費も対象となります。子供の場合は歯の矯正をした費用も、医療費の対象となるのです。

また風邪をひいたときに、市販の風邪薬を買ったり、身体に不調があるときに針きゅうなどに行ったときの費用も対象となるのです。

ここで気をつけなくてはならないのは、予防のための費用や、具体的に悪い部分がないときの健康増進のための費用は認められない、ということです。どこか身体に不具合があったときの対症費用の場合が、医療費の対象となるのです。

けれど、風邪薬を買って医療費控除に入れるとき、「風邪の証明」などはいりません。風邪気味だったのであれば、それでOKなのです。

なので、これらを1年分、家族全員の分をかき集めれば、けっこう10万円を超えるものなのです。

医療費控除は、領収書がないと受けられません。だから、今からぜひ集めてみてください。

これまでサラリーマンのプチ節税の主なものについて、紹介してきました。

サラリーマンでもちょっと工夫すれば、けっこう節税はできるものでしょう？

次章からは、税金をほとんどゼロにしてしまうような、大技の節税術を紹介します。

プチ節税について、もっと詳しいことが知りたい方は、『その税金は払うな！』（双葉社）を参考にしてください。

※不公平税制に関するデータ等は、『税金は金持ちから取れ』（武田知弘著・週刊金曜日）より引用しています。

第2章

副業で赤字を積み上げる

サラリーマンのウルトラ節税術

「サラリーマンの税金をゼロにする方法がある」

といわれたら、あなたは信じます？

おそらく、ほとんどの人は信じないことでしょう。

サラリーマンというのは、税金は源泉徴収され、それを減らす工夫などできない、といわれてきました。

それを信じ込んでいるサラリーマンも多いでしょう。

しかし、やり方によっては、サラリーマンの税金をゼロにすることもできるのです。にわかには信じがたいことでしょう。キツネにつままれたような話かもしれません。

税金ゼロというのは、普通の人が思っている以上にメリットがあります。一般的な収入の人で、だいたい30万〜40万円（所得税と住民税を含む）の手取りが増えます。

また税金ゼロというのは、ただ単にその税金分の金銭的利益があるというだけではないのです。税金ゼロの人は、「低所得者」に該当します。というか所得の分類上、「最低所得」となります。

こういう人たちは、様々な福祉的な恩恵も受けられます。たとえば、保育園などは無料に近い安さで子供を入園させることができます。

サラリーマン以外では、実際にそういう生活をしている人はけっこういます。自営業者の中には、車はベンツに乗るなど本当はしっかり稼いでいるにも関わらず、申告書の上では赤字になっているので、税金はゼロ。ベンツで通園している保育園児の保育料が無料、などということもあるのです。

そういうのは、自営業者だからやれること？

サラリーマンの税金をゼロにする方法など、あるはずがない？

あなたがそう思うのも無理のないことだと思います。

ところが、それがあるんです。

そのやり方というのは、サラリーマンが副業をすることで赤字を出し、給料と相殺して税金をゼロにする方法です。

そういわれても、普通の真面目なサラリーマンには、なんのことかわかりませんよね。

まずは、とりあえず、左の新聞記事を読んでみてください。

《兵庫県芦屋市の男性（58）は、コンピューター保守サービスの中小企業に勤めてきた。年収500万円ほどの平凡な生活。その一方で35年間、所得税や住民税を払っていない。

「無税装置」は趣味のイラスト作りだ。政治家や芸能人の似顔絵を描いて雑誌などに寄稿し、毎年20万〜50万円ほどを得た。この「事業所得」に様々な「経費」を積み増して年100万〜200万円の「赤字」にし、給与所得との合算で納税を免れた。》

（2008年9月13日『朝日新聞』朝刊）

この記事は、『朝日新聞』の「税から逃げるサラリーマン」という記事の一部です。サラリーマンをしているこの男性は、イラストレーターでもあり、イラストレーターでの仕事を事業として税務申告しています。

このイラストレーターの事業（副業）は赤字です。税務申告では、ある所得で赤字が出たら、他の所得からそれを差し引ける場合があります（すべての所得で可能というわけではありません）。

なので、副業の赤字をサラリーマンの給与所得から差し引くことができ、結果的に、男性に払われる会社の給料から源泉徴収された税金が、全額還付されるというわけです。筆者はこの男性の方法を全面的に肯定するものではありませんが（若干やり過ぎと思われます）、基本的なスキームはこういうことです。

「副業をして節税する」スキーム

副業をすればなぜ税金が安くなるのか、というのは、なかなかわかりづらいところだと思われます。

「副業をすれば儲かるもの、儲かった上に税金が安くなるのはおかしい」

そう思う方も多いでしょう。確かに、副業をすれば収入が増えるはずなので、税金は増えこそすれ、減るのはおかしな話です。でも、税金の世界では、事業をやっていることで税金が安くなるというのは、よくある話なのです。

このスキームを簡単にいえば、次のような手順です。

副業をして赤字を出す
←
給料から副業の赤字を差し引く
←
課税される給料が減額される（もしくは消滅する）
←
すでに源泉徴収された税金が還付になる

この方法は、税法の抜け穴をついたものといえます。

というのは、サラリーマンが事業をやってはならない、という法律はありません。そして事業で赤字が出れば、サラリーマンであろうと、自営業者であろうと、赤字を計上することができます。もし他に所得があれば、事業の赤字はその所得と相殺されることになります。それは給与所得であっても、です。

給与所得というと、税金はそれだけで完結しているようなイメージがあります。でも、給料というのは、税法上は、収入を得る方法の1つにすぎないのです。だから、他に収入がある人は、その収入と合算して税金を計算するというのが、所得税の基本的な考え方なのです。

この方法を使えば、理論的には、どんなサラリーマンも税金をゼロにすることができるのです。もちろん、クリアしなければならない条件はありますが。

「俺はイラストなど描かないし、そういう才能もないので副業なんてできない」

と思った方もいるでしょう。

しかし、副業は別にイラストレーターなどというクリエイティブな仕事でなければならない、というわけではありません。

副業なんて、やろうと思えばいくらでもあります。

特に昨今はネットが普及したおかげで、副業の幅は圧倒的に広がりました。自分ではそういうつもりはなくても、ネットオークションで副業をしていることになっている人もたくさんいるはずです。

そういう副業を利用して、税金を安くするというのがこのスキームなのです。（ただし、副業を禁止している会社に勤めている方は、その対応には注意してください。）

サラリーマンが、副業を事業として申告し、赤字を相殺するというのは、税務当局は

想定していなかったことと思われます。

もちろん、この男性のやり方は、すべてのサラリーマンがすぐに使えるものではありません。事業として申告するには、それなりの形を整えなくてはならないからです。

しかし、工夫次第ではかなり一般的に使えるようになります。詳しくは後述しますが、しっかりとした事業コンセプトを持ち、継続的に行っているのであれば、サラリーマンの副業でも、事業として申告してもおかしくはないのです。

この方法が使える立場にある人（副業をしてみたいと思っているような人など）はぜひやってみてください。

何度もいいますが、**黙っていわれるままに税金を払うことはもっとも愚かなことなのです。**あなたが損をするとともに、国のズサンな税体系をこのまま残すことになります。なんらかの形で税金を安くしたり、税金をゼロにしたりすることは、自分のためでもあり、国のためでもあるんです。

副業をやってみたいと思っている人は、けっこう多いはずです。これをきっかけに、夢を実現してみましょう。

またこの手法は、何より税金の本質がわかる例でもあります。

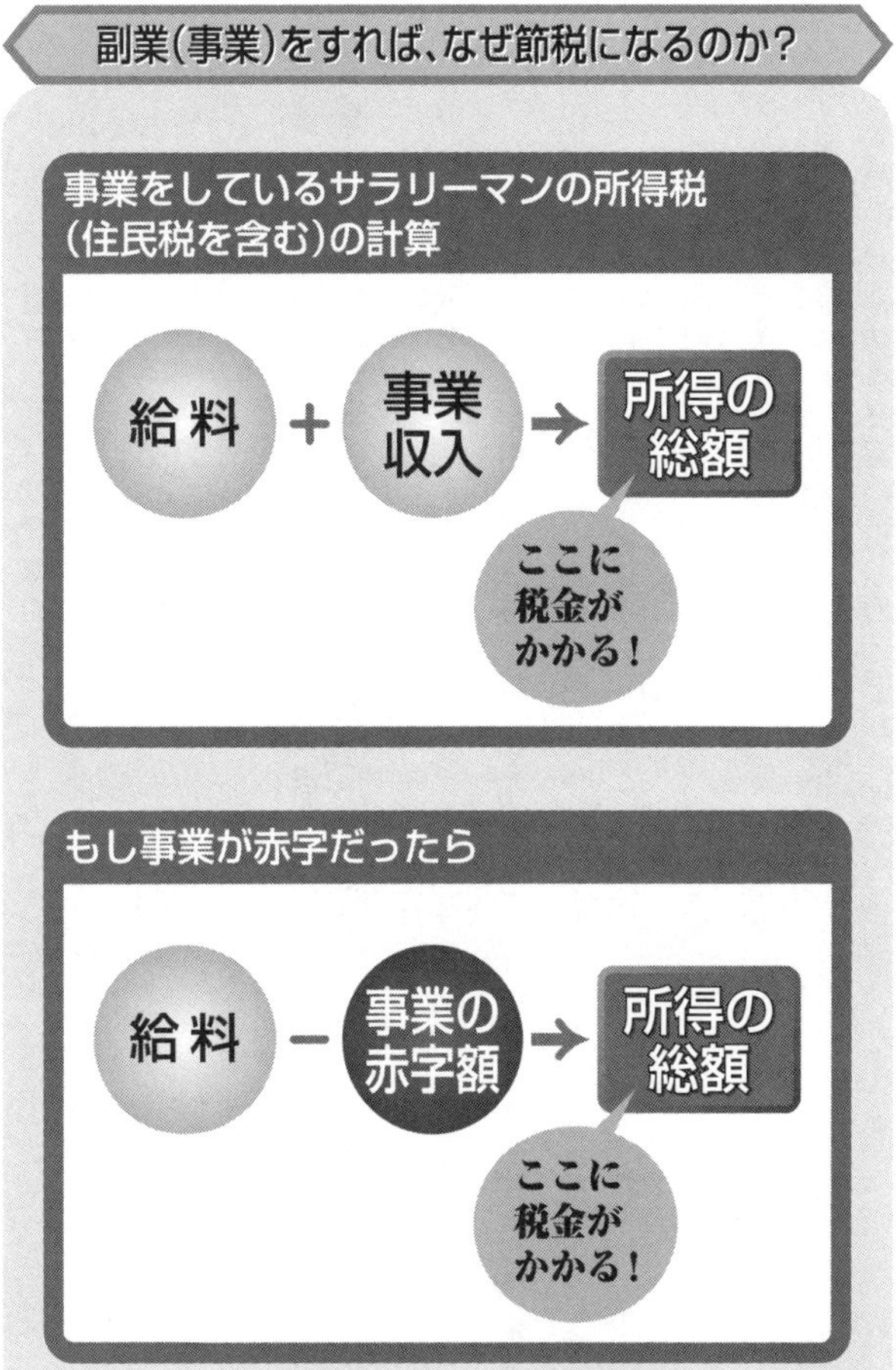

副業(事業)をすれば、なぜ節税になるのか？
事業をしているサラリーマンの所得税
(住民税を含む)の計算
給料
＋
事業
収入
所得の
総額
ここに
税金が
かかる！
もし事業が赤字だったら
給料
－
事業の
赤字額
所得の
総額
ここに
税金が
かかる！

個人の税金の中で、収入に直接かかっているのはサラリーマンだけであること、収入は合算して税金の額が決められることなど、サラリーマンにとっては実感がなかったことでしょう。このスキームを学ぶだけでも、税金に対する見方が変わると思います。学んで損はない手法だと私は思います。

なぜ副業の赤字を相殺できるのか？

「副業をして税金をゼロにする方法」の仕組みを、今一度詳しくご紹介しましょう。

サラリーマンが会社から天引きされている税金というのは、所得税と住民税です。

所得税というのは、その人の所得に応じてかかる税金であり、住民税というのは所得の多寡にかかわらず、その人の所得に10％の税金が課せられるものです。つまり、所得税も住民税も「所得」に対してかかってくる税金というわけです。

この所得というものが、実はちょっと複雑な構造をしているのです。

普通の人の感覚からいうならば、所得とは収入のことでしょう。そしてその収入に応じて、所得税が課せられているものと思われているでしょう。

でも、実はそうではないんです。

税制の上での所得というのは、その収入方法により分類されているのです。所得には次ページの図のように10個の種類があります。

この10種類の所得を調整して、その人に所得税がかかるのです。

図では各所得の右欄に、「総合課税」「分離課税」という記載があります。

「総合課税」というのは、全体の所得に加算してトータルで税金を決めるというものです。一方「分離課税」というのは、その所得だけで税金の計算が完結するというものです。

たとえば、給与所得と譲渡所得があった場合、譲渡所得は分離課税になっているので、両方を足し合わせたりはせず、それぞれの所得で税金を計算することになります。

給与所得が1000万円、譲渡所得が1000万円あったとしても、それぞれ1000万円ずつで税金の計算をするわけです。

また給与所得と雑所得がある場合、これは2つとも総合課税になっているので、2つを足し合わせることになっています。

給与所得が1000万円、雑所得が500万円ある場合は、両方を合わせた1500

所得の種類

所得の名称	所得の内容	他所得との課税関係
給与所得	サラリーマンが会社から受け取る給料、ボーナス	総合課税
事業所得	商売等の事業による所得	総合課税
不動産所得	家賃など不動産の賃貸収入	総合課税
利子所得	預貯金の利子など	分離課税
配当所得	株式などの配当金	総合課税
退職所得	退職金、一時金として受け取る確定拠出年金	分離課税
山林所得	山林の立木を売却した場合の所得	分離課税
譲渡所得	土地、建物、株式、ゴルフ会員権などを売却した場合の所得	ゴルフ会員権は総合課税、土地、建物、株式は分離課税
一時所得	生命保険の満期金など	総合課税
雑所得	上記のいずれにも当てはまらないもの。公的年金・FX等の為替差益など	総合課税

万円がこの人の所得ということになります。

いくつかの所得を足し合わせることが節税につながる

総合課税のこの「足し合わせる」という制度が、ミソなのです。

図の給与所得と事業所得の欄を見てください。

両方とも「総合課税」になっていますね。

だから、この2つの所得がある人は、2つの所得を足し合わせて税金を計算するのです。

たとえば、給与所得が1000万円、事業所得が1000万円あった場合、この人の所得は2000万円ということになります。

ところで、事業所得には「赤字」を計上することが認められています。ということは、事業所得はマイナスになることもあるのです。

となれば、**給与所得と事業所得がある人で、事業所得に赤字があれば、その赤字を給与所得から差し引くことができます。**

たとえば、給与所得が1000万円、事業所得は赤字が600万円あった場合、この人の所得は1000万円－600万円で、400万円ということになります。

会社の源泉徴収では、1000万円の所得として税金が差し引かれています。でもこの人の所得は400万円しかないので、納めすぎの状態になっています。

これを税務署に申告すれば、納めすぎの税金が戻ってくるのです。

新聞記事が取り上げた男性の場合、サラリーマンとしての年収は500万円程度で、一方、事業所得であるイラストレーターとしての収入は50万円程度です。

そして、イラストレーターとしては経費が収入を大幅に上回っており、大きな赤字を計上しているので、その赤字でサラリーマンでの給料所得を帳消しにし、37年間も所得税がゼロになっているということです。

つまり、**副業で赤字を出せば、本業のサラリーマンの税金が安くなる**ということなのです。

これが、「副業をして税金をゼロに（安く）する」の基本システムなのです。

副業を事業として申告することの意味

この節税スキームのキモは、副業を事業所得として申告することです。

本来、副業的な収入は雑所得として申告するのが普通です。

ところが、雑所得というのは、赤字を計上することができないのです。たとえば、売上80万円で、経費が100万円だった場合、雑所得はゼロということにされ、赤字の20万円は税務申告の上では無視されてしまうのです。

なので、雑所得ではなく、事業所得として申告するのです。事業所得ならば、赤字が出た場合、他の所得と差し引きができますから。

「でも副業を『事業』として申告できるの？　事業って、けっこう大々的にやっているものじゃないの？」

と思った方もおられるでしょう。

確かに「事業」というと、大々的に商売をしているという印象があります。

でも、どのくらいの規模があれば「事業」として認められるか、というような明確な区分はないのです。

つまり、副業を雑所得として申告するべきか、事業所得として申告するべきかの明確な区分というのはないのです。

ということは、**サラリーマンが本業をしながらできる副業であっても、事業所得として申告することはできる**のです。

実際、サラリーマンをしながら家業の酒屋を継いでいるというような人もたくさんいます。

そういう人たちは、立派に「事業」として申告しているわけです。

だから理屈の上では、どのような「事業」であろうと、事業所得として申告することは可能なのです。

赤字になっても本当に損をしているわけではない

ここまで、副業を赤字にして税金を安くする、という方法を紹介してきました。

「税金が安くなったって、事業が赤字になったら損じゃないか」

と、思った方もいるんじゃないでしょうか？

確かに普通に考えれば、事業で赤字を出すとお金が減るわけですから、税金が安くなったところでフトコロは温まりません。

しかし、そうならないところが税金の不思議なところなのです。

実質的には損は出ていなくても、帳簿上だけ損を出すということができるのです。簡単にいえば、経費を積み上げることです。

事業の経費といっても、仕入れ代金など事業に直接関係するものばかりではありません。

もし自分の借りているアパート、マンションなどで仕事をしていれば、「自宅の一部が仕事場になっている」ということになり、家賃の一部を経費として計上することができます。水道代、光熱費なども同様です。

自宅を仕事場としてその6割を使っているということであれば、自宅家賃の6割を経費として計上することができます。家賃が月10万円であれば、6万円を経費として計上することができるのです。

それだけで年間72万円になります。

収入が数十万円の人ならば、もうこれだけで赤字になってしまいます。

それに光熱費も6割を経費として計上すれば、100万円くらいの経費はすぐに積み上げることができるのです。

家賃を経費で計上すれば赤字になるけれど、事業を行おうと行うまいと、家賃はどうせ払わなければならないものです。

というか、**本来は生活費の一部**です。

それを事業の経費として計上できるというわけです。なので、あなたは一切損をすることなく、経費を積み上げることができるのです。

「赤字になったからといって、本当に損をしているわけではない」というのは、こういうことなのです。

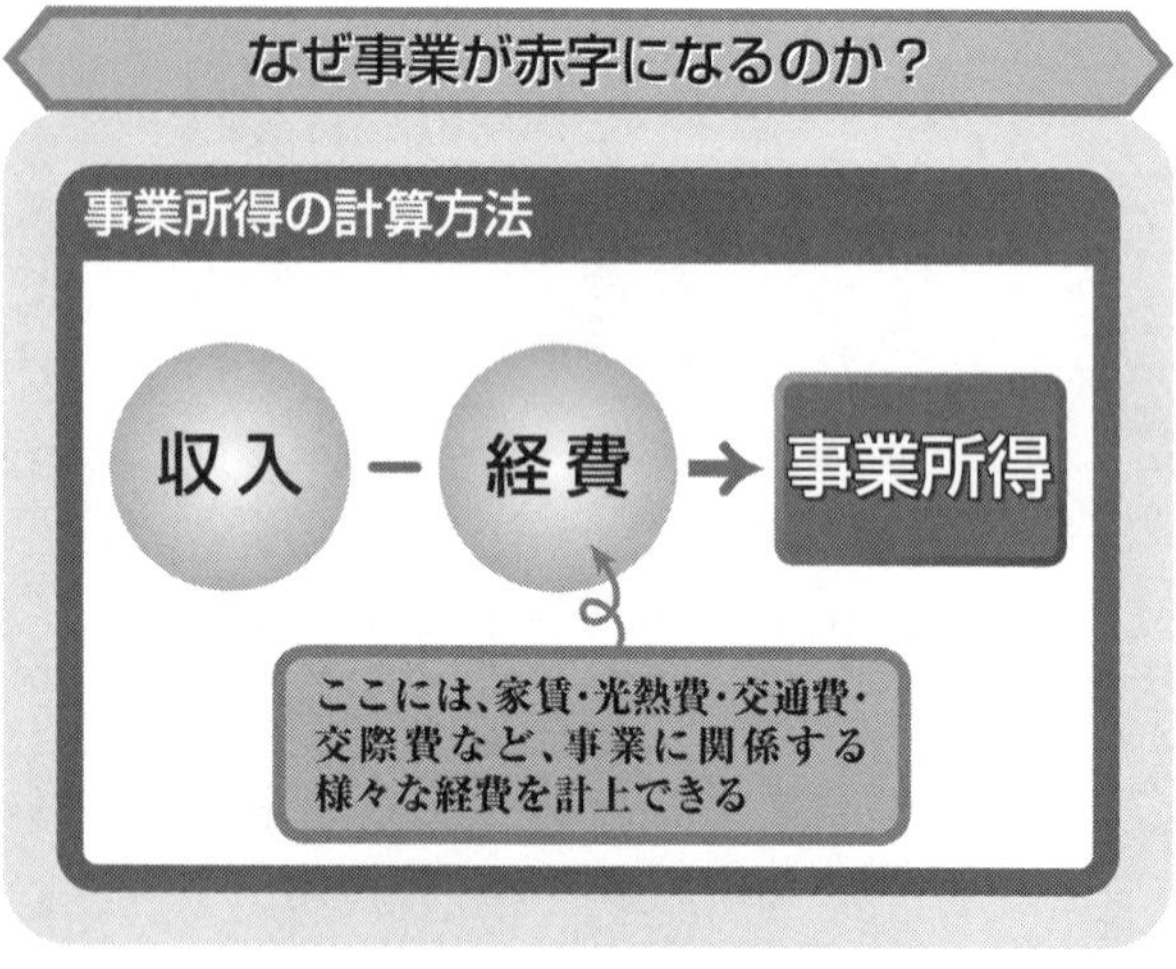

なぜ事業が赤字になるのか？
事業所得の計算方法
収入
－
経費
事業所得
ここには、家賃・光熱費・交通費・交際費など、事業に関係する様々な経費を計上できる

「経費で落とす」というおいしい生活

前項では、家賃、光熱費などの生活費の一部を事業の経費として計上するということを紹介しました。

でも経費を計上できるのは、これだけではありません。

たとえば、パソコンを使って仕事をするような人は、パソコンの購入費やインターネット関係の費用も、経費として計上することができます。

テレビやＤＶＤで情報を収集するような場合は、その購入費も経費に計上できます（ただし、１台当たり10万円以上のものは、固定資産に計上し、耐用年数に応じて減価償却しなければなりません。現在は特例で10万円ではなく、30万円まで一括で経費算入することができますが、本来は10万円以上の資産を購入した場合は、固定資産に計上しなければなりません）。

また、事業に関する書籍などの資料を購入した場合も、もちろん経費に計上することができます。情報収集のために雑誌を買った場合も同様です。

さらに、仕事に関係する人と飲食などをした場合は、接待交際費を使うこともできます。仕事に関係する人というのは、別に取引先だけではありません。ちょっとでも仕事の情報をもらえそうな人ならば、接待交際費の対象となるのです。

こういう具合に、**ほとんど生活費に当たるようなものでも、事業をやっていれば、経費として計上することができる**のです。

自営業者は、いつもこういうことをしているんです。彼らの税金が安くなるのも無理はありません。

サラリーマンとは、全然違うでしょう？

自営業者ばかりがおいしい目にあうのは癪にさわることなので、サラリーマンもこの仕組みをうまく使いたいものです。

将来、独立したい人の準備段階としても有効

この「副業をして税金をゼロに（安く）する方法」は、将来、独立開業したいと思っている人が、その準備としてやってみるのもいいかも知れません。

独立開業するときは、何かと備品などを取りそろえなくてはなりませんし、金がかかります。

サラリーマンのうちに、副業としてはじめておいて、それらを取りそろえておけばいいのです。

サラリーマンとしての税金を安くしつつ、独立準備をはじめるという寸法です。

まさに一石二鳥です。

また、試しにちょっと営業をやってみて、ダメだったらやめればいいわけですから、準備期間に、売上がほんのわずかでも問題はありません。

設立してしばらくは、売上が少ない会社などは腐るほどあります。いや、ちゃんと計画的に作られる会社ならば、はじめのうちは売上が少ないのは、当たり前のことだとさえいえるのです。

もし税務署員が文句をつけてくれば、堂々と「準備期間だから売上はこれしかない」といえばいいのです。

「この申告書を受け付けないのなら、もし今後、莫大な収益を上げても一切申告しませんよ」

といってみましょう。

サラリーマンが独立開業の準備をすることや、準備段階の経費を計上して申告することは税法上はなんの問題もないのです。会社との関係で、支障があるかもしれませんが、それは各自うまくとりはからってください。

「副業で税金ゼロ」の落とし穴

副業をして税金をゼロにする方法は、非常にダイナミックな節税方法であります。なので、注意点もたくさんあります。

だれもが、形ばかりの副業さえはじめれば税金がゼロになる、というわけではありません。

「サラリーマンが事業をして赤字を出し、給料所得から赤字を差し引く」

というのは、理論的には簡単です
でも「事業をする」ということは、そう簡単ではないのです。

というのは、副業というのは、なんの実績もないのにただ届け出を出すだけで、「私は事業をやっています」ということにはならないからです。

先ほど述べましたように、収入がいくら以上あれば事業として認められるという線引きは、税法上はありません。事業の準備段階や時期によって、収入がほとんど生じない事業もあるので、いくら以下ならば事業として認めない、という線引きを作ることはできないのです。

かといって、まったく収入のない、実体のない事業を事業として認められるかというと、これも難しいものがあります。

まったく収入がなく実体もないのに、経費だけ計上してきて、それをすんなり認めるほど、日本の税務当局はお人好しではないのです。

だから**事業として認めさせるには、「事業内容」をしっかり作ることが必要となってきます。**

どんな事業をどういう方法で行うのか、今後の事業展開への予想、計画などです。売上は低くてもいいから、ちゃんとしたものを整えておくことです。

昨今ではネットや携帯電話を使って、すぐにちょっとした副業をはじめられます。クリック1つでわずかな収入を得られる副業もあります。

でも、いくら頑張っても売上が計上できないような業務は、事業というにはちょっときついでしょう。頑張ればそれだけで食べていけるくらいの可能性のある仕事でないと、社会通念上、事業とはいいにくいのです。

それと、事業は継続的にやっていかなければなりません。1年のうちほんのちょっとの期間だけやって、「事業やってます」ということにはならないのです。

つまり「事業をしている」という形はきちんと作らなければならない、ということです。

規模が小さいのに、あまり赤字が多ければ不自然

それと、申告で赤字を計上するときには、事業の実績や規模的なことも考慮しなくてはなりません。

むやみやたらと赤字を計上することは、マズイということです。

たとえば年間数十万円しか売上がないのに、何百万円も赤字を出していれば、それはちょっとおかしいだろう、という話になります。

ゆくゆくは売上が増える見込みがあり、先行投資的な費用なら別ですが、どう見ても、今後も年間数十万円以上の売上は見込めないのに、経費だけが何百万円もかかるというのは、「おかしい」ということになります。

税金の世界では、「社会通念上」というものが重要なキーワードとしてあります。明確な線引きがされていない部分では、「社会通念上」に照らし合わせて、是か非かが判断されるのです。

だから売上20万円しかないのに、300万円も経費があれば、それは「社会通念上」に照らし合わせて、「妥当とはいえない、だからダメ」ということになるのです。

また、もう1つ気をつけなくてはならない点があります。

それは、税務署の対応です。

もしこの方法で税金を安くした場合、はじめはすんなり申告が通るかも知れません。

税務署というのは、問題のある納税者をすべてチェックしたり、指導したりしているわけではありません。

納税者は何千万人もいるのだから、必然的に、「多額の課税漏れが予想される者」を優先して調査することになります。ここで見逃されたからといって、その申告が認められたわけではなく、ただ単に税務署が「チェックをしていない」だけ、という可能性もあるのです。

それまで見逃されてきても、もし問題が見つかれば、過去にさかのぼって修正を指導されることもあります。

まあ、さかのぼって修正されたとしても、一財産を失うようなことはなく、還付された税金をもう1回納めるということで許されるわけですから、そう難しく考える必要はないかもしれませんが。

もう一度、注意点を簡単にまとめますと、次の3つです。

- **事業内容をしっかり作っておく必要がある**
- **あまりに現実離れした経費計上は危ない**
- **いったん、申告が通っても過去にさかのぼって修正されることもある**

副業で税金をゼロにする方法は、この3点をしっかり踏まえて実行に移しましょう。

趣味を生かした副業が成功しやすい

ただ単に副業をはじめただけでは、事業として認められにくいことを述べました。

よしんば単に形ばかりの副業をして、税金が安くなったとしても、それだけではつまらないものです。

事業として認められるためには、継続して行わなければなりませんので、無意味なことを継続するのは苦痛でしょう。

また税金を安くするためには、その事業のために経費を使うからそうなるわけです。つまり、いってみれば事業に投資をするわけです。

せっかく副業をするんだったら、サラリーマンとしてはできないこと、今までやりたかったけどやれなかったことをするのが、理想じゃないかと筆者は思います。

趣味を生かしたり、自分の興味のある分野で副業をするのです。

たとえば、ワールドミュージックが好きな人は、世界の珍しいＣＤを個人輸入してサイトで紹介して販売する、絵を描くのが好きな人は似顔絵つきの名刺を販売する、などです。

そうすれば、自分で楽しみながら仕事ができるので、継続することも苦にならないし、思い切って投資もできるというものです。

これは、事業の成功例からもいえることなのです。

事業で成功した人というのは、自分の興味のある分野で事業を起こしたケースが非常に多いのです。自分の興味のある分野ならば、知識もあるし情熱も傾けられるので、興味のない分野よりも成功しやすいというのは、当たり前かもしれません。

サラリーマンなんだから、遮二無二それで儲ける必要はないのです。だから、せっかくならば、好きなことをやってみたほうが意欲も湧くというものでしょう。

もし事業が成功して、それで食べていけるようになれば、またとない幸運ということになるはずです。

開業の手続きは簡単

「事業を開業する」というと、非常に煩雑な手続きを要するようなイメージがあります。

確かに、業種によっては面倒な手続きが必要なものもあります。たとえば飲食店などでは保健所の許可を得るなど、役所への届け出がたくさんあります。ほかにも、業種によっては複雑な手続きを要することがあります。

各業種の開業関係の手続きについては、ぬかりなくやらなくてはなりません。本書では各業種の手続き関係についてまで言及する余裕はないので、その点はしっかり研究してください。

しかし税務申告に関しては、手続きは非常に簡単です。
というより、税務申告においては、事業を開始するに当たって、役所へのこれといった手続きなどは必要ありません。

税務署には「開業届け」というものがあります。これは、事業をはじめた人が「開業しました」という報告をするものです。

が、これは出したほうがいいけれども、出さなくても、事業所得として申告できないものではありません。逆に開業届けを出したからといって、開業が認められたというわけでもありません。

まあ開業するのなら、一応出しておいたほうがいいでしょう。

書き方は非常に簡単です。住所と事業内容を書く程度です。自分ですぐに書くことができます。

確定申告は簡単

副業をして税金を安くするには、前提条件として、自分で確定申告しなければなりません。確定申告とは、毎年2月16日から3月15日の間に税務署で行われている、自営業者などの税務申告のことです。

「副業を申告すれば税金が安くなるといっても、確定申告とかをするのは面倒くさそうだからなあ」

そう思って尻込みしてしまう人も多いでしょう。

しかし、確定申告というのは、そう難しいものではありません。

青色申告ならばともかく、**白色申告ならば、まったく難しいことはありません**（青色申告については後述します）。

副業の売上からいろいろな経費を差し引いた、簡単な「損益計算書」、これを作る技術があれば、だれでもできます。損益計算書といっても、いくらお金が入っていくら使ったということを書けばいいだけです。小遣い帳をつけるレベルで可能です。

慣れない人は、半日くらいかかってしまうこともあるかもしれませんが、慣れれば2～3時間で作れるようになるでしょう。

確定申告では、会社からもらう源泉徴収票に書かれている「給与所得の内訳」と、「事業所得（損益計算書で計上された〝赤字〟）」を記載して税務署に提出します。

最近の確定申告書の用紙は、非常にわかりやすくなっており、「確定申告書の手引き」も充実していますので、経理の素人でもすぐに書けるようになります。

税金が何十万円も返ってくることを考えれば、1日、2日つぶして申告書を作ったってバチは当たらないはずです。

また申告書を作ることによって、経理の仕組みが理解でき、会社の仕事にも好影響を与えるかもしれません。決算書も読めるようになるかも知れませんし。

やってみて損はないことだと、いえるでしょう。

帳簿は、きちんとつけなくてはならないのか？

確定申告をするには、帳簿などをきちんとつけていなければならない、と思っている方も多いでしょう。

原則からいえばその通りです。

ですが、白色申告であれば、そう神経質に帳簿をつける必要はありません。

これまでも何度か触れましたが、確定申告には2種類あります。「青色申告」と「白色申告」です。

青色申告は、帳簿などをきちんとつける代わりに税制上の特典を与えましょう、というものです。

一方、白色申告は、青色申告をしていない人の総称です。青色申告の申告書が青いのに対し、白色申告の申告書は白いので、そう呼ばれるようになりました。

で、白色申告では不都合かというと、そうでもありません。**自分でやる副業の申告くらいならば、白色申告で十分**だといえるでしょう。

そして**白色申告で、所得が300万円未満であれば、帳簿をつける義務がほとんどないのです。**

いや、義務は一応あるのですが、つけなかったからといって罰則はないのです。

所得が300万円というのは、経費を差し引いた利益のことですから、1000万円くらい売上があっても、経費が700万円以上あれば所得300万円未満となります。

自営業者の平均的な経費率というのは、6割から7割ですので、だいたい売上1000万円までは、帳簿をつけなくていい、ということになります。

でも、青色申告ではそうはいきません。帳簿は正確につけなくてはなりませんし、素人には難しい複式簿記の制作もしなければなりません。

だから、**副業の申告で、経理があまり得意ではない人であれば、白色申告のほうが有利**だといえるでしょう。

領収書は残さないといけないのか？

税務申告というと、領収書を取っておかなければならない、と思っている人が多いようです。

確かに、領収書は取っておいたほうがいいのです。

領収書を取っておくことは、義務というわけではないのですが、もし税務調査などが入ったとき、申告書の正当性を主張する証拠として有力だからです。

ただし**領収書がなければ、絶対に経費として認められない、というわけではありません。**

もし領収書をもらい忘れたからといって、その経費を諦めることはありません。本当に仕事のためにお金を使った、という事実があるのなら、経費として計上できるのです。

たとえば、電車代の領収書をもらい忘れていたとします。ならば、年間だいたいどのくらい電車を使うかを割り出し、電車賃を算出します。それをもとに、経費として計上すればいいのです。

この際に気をつけることは、**概算で経費を算出するときは、実際よりも少なめにしなければならない**、ということです。

経費が実際よりも多くなってはマズイですが、少なければ問題はないのです。

青色申告にすればさらに節税に

前項では、経理が得意でない人は、白色申告がいいと述べましたが、**もし経理が得意な人、几帳面に帳簿をつける人ならば、青色申告にしたほうが節税になります。**

青色申告というのは、先ほども述べましたように、一定水準の記帳をし、その記帳に基づいて申告をする人は優遇措置が受けられる、という制度です。

具体的にどういう優遇措置が受けられるのかというと、主なものは次の4点です。

（1）65万円または10万円の青色申告特別控除を受けられる
（2）家族や妻（夫）の専従者給与を経費にできる
（3）貸倒引当金が設定できる
（4）「赤字の繰越」と「赤字のときの前年分税金の還付」

（1）の青色申告特別控除というのは、正規の複式簿記で帳簿を作り、貸借対照表と損益計算書を添付して確定申告期限内に提出した場合には、所得を65万円控除するというものです。

所得が65万円控除されるということは、税金が65万円安くなるという意味ではありません。

簡単にいえば、経費に65万円が上乗せされるということです。なので、税額にすれば、税率10％の人ならば所得税、住民税合わせて13万円が節税になります。

また複式簿記ではないけれど、青色申告の条件を満たす帳簿をつけている人（簡易方式）は、所得を10万円控除できます。

（2）は、家族や妻（もしくは夫）に事業の専従者として給料を払えば、その給料分は経費として認めましょう、ということです。この場合、支払う給料の額は事前に届け出なければなりません。

青色申告でなければ（白色申告ならば）、専従者給与は事業の利益の半分まで、最高で年間86万円（妻以外の場合は50万円）しか出すことができません。つまり、事業で利益が出ていない場合は、専従者給与を出すことはできないので、事業所得を赤字にする技として、専従者給与は使えないのです。

だから、**もし妻や家族を従業員にしたいような場合は、青色申告にするといいでしょう。**

ただ気をつけなくてはならないのは、**青色事業専従者として給与の支払いを受ける人は、配偶者控除や扶養控除の対象にはなれません。**

もし、妻が青色事業専従者となった場合、夫の配偶者控除が受けられなくなり、その分、課税される所得が38万円増となります。

だから、ちょっとくらい給料を払うのに、青色事業専従者になるのはバカバカしいということです。払うなら、ドカーンと払うべきであり、それだけの余裕がないのであれば、この青色事業専従者を使うのはもったいないということです。

(3)の貸倒引当金というのは、売掛金、貸付金などが貸倒れになったときのために、あらかじめ損失を計上して資金をプールしておくという制度です。この貸倒引当金は、青色申告をしている事業者のみが使うことができます。

貸倒引当金は、年末の売掛金、貸付金などの残高の5・5%を繰り入れることができます。金融業の場合は3・3%になります。

だから売掛金、貸付金の残高が１００万円あった場合は、５万５０００円を経費として落とすことができるのです。

ただ貸倒引当金は、もし貸倒がなかった場合は、翌期の利益に加算されます。なので、節税効果があるのはだいたい最初の年だけということになります。

（４）の「赤字の繰越」というのは、赤字が生じたときには、その赤字額を翌年以後３年間にわたって、各年分の所得金額から差し引くことができるというものです。

たとえば、ある年に２００万円の赤字が出たとします。翌年は１００万円の黒字、翌々年も１００万円の黒字でした。この場合、最初の年の赤字２００万円を繰り越せるので、翌年も翌々年も所得はゼロということになるのです。

白色申告の場合はそうはいきません。

ある年に赤字が２００万円出て、翌年１００万円の黒字が出た場合は、翌年の黒字１００万円に対してしっかり税金が課せられます。

また「赤字のときの前年分税金の還付」というのは、赤字が出た年の前年は黒字で税金を払っている場合、どちらの年も青色申告をしていれば、前年に払った税金を還付するというものです。

だから、青色申告の場合は、利益が出て税金を納めた年があっても、翌年赤字だったら納めた税金の一部が戻ってくるというわけです。

青色申告にするのは簡単

青色申告にしたい場合は、その年の3月15日までに「青色申告承認申請書」を所轄の税務署長に提出すればOKです。その年の1月16日以後に開業した人は、開業の日から2か月以内に申請すればOKです。

基本的に届け出さえきちんと出せば、審査などなくすんなり認められます。

ただし、青色申告になった後、税務調査などで帳簿類が不備だったことがわかったり、明白な脱税をしていたりすれば、青色申告を取り消されることもあります。

青色申告は、本来は、「貸借対照表」と「損益計算書」を作成する、いわゆる複式簿記が原則ですが、現金出納帳・売掛帳・買掛帳・経費帳・固定資産台帳のような帳簿を整備していれば、簡易な記帳でもOKとなっています。

しかし簡易な記帳の場合は、青色申告特別控除は65万円ではなく、10万円となります。

また青色申告をするために作成した帳簿や証拠書類は、原則として7年間保存することとされています。

まあ、このように青色申告にすれば、いろいろと税制上の恩恵を受けられるわけです。本格的な事業をする場合には、白色よりも青色のほうが有利だといえます。もし経理が得意な人、几帳面に帳簿をつけたりするのが苦にならない人は、青色申告にぜひ挑戦してみてください。

筆者としては、青色申告にするくらいだったら、同じくらいの手間で会社を作ることができるので、いっそ会社を作ったほうがいいとも思います。会社にしたほうが、さらにダイナミックな節税ができますからね。

でも、サラリーマンが副業で会社を興すというのは、なかなか難しいかもしれません。だから会社を作ると思って、青色申告にして税金を安くする、というのも手だと思います。

ただくれぐれもいいますが、青色申告は記帳をきちんとしてはじめて認められるものです。もし記帳をきちんとする自信がなければ、白色申告にしておいたほうが無難だし、実用的です。

減価償却方法の届け出

税務申告というのは意外に簡単で、提出しなければならない書類などもそう多くはありません。小規模の事業者にとっては、申告書以外は提出しなくていいといってもいいくらいです。

でも、その中でいくつか、「出さなくてもいいけど、出した方が得だよ」という書類もあります。それらをここで紹介します。

まず1つは、**減価償却方法の届け出書**です。

事業をはじめるとき10万円以上の固定資産を購入する予定のある人は、減価償却方法の届け出書というものを出す必要があります。

減価償却というのは、10万円以上で何年も使えるモノを購入した場合、買った年に一括して経費として落とすのではなく、耐用年数の間に案分して経費化していく、という制度です。

減価償却方法には、2つの種類があります。

「定額法」と「定率法」です。

定額法というのは、毎年同じ額を減価償却していくという方法です。

たとえば、耐用年数が5年の100万円のモノを購入した場合、毎年20万円ずつ減価償却していくことになります。

一方、定率法というのは、購入したモノの資産残高に、一定の率をかけた金額を減価償却していくという方法です。

たとえば、耐用年数5年の100万円の物を購入した場合、償却率は0・25となりますので、1年目の減価償却費は100万円×0・25で、25万円となります。

2年目の減価償却費は、100万円から25万円を差し引いた残額75万円に対して、償却率0・25をかけます。つまり75万円×0・25の18万7500円が、2年目の減価償却費ということになります。

定額法は毎年同じ金額を減価償却していけることに対して、定率法は最初に減価償却費が大きく、だんだん下がっていくことになります。だから、**早く減価償却費を計上したい場合は、定率法を採用するほうがいいのです。**

希望する減価償却費を選択したい場合は、最初の確定申告をする前に、税務署に届け出を出さなくてはなりません。もし届け出を出していなければ、法定の償却法が強制されます。

個人事業の場合、届け出をしなければ自動的に定額法になってしまいます。届け出期限は、申告期限までですので、事業を開始してすぐに出すわけではありません。なので事業をやってみて、自分の都合のいい方法を選択するといいでしょう。

なお、平成26年3月末までは特例で30万円未満の固定資産ならば、購入した年に一括して経費に計上できることになっています。つまり、30万円までのものならば、減価償却ではなく、そのまま全額経費にできるということです。

消費税の届け出を出して還付金を受ける方法

事業を開業するときに、消費税のことも少し気をつけておいたほうがいいでしょう。

消費税というのは、消費者が物を買ったときに払う税金です。

でも消費税は、消費者が税務署に納めるわけではなく、客から消費税を預かった事業者が納付することになります。

1000万円以上の売上がある事業者には、消費税を納付する義務があるのです（売上が1000万円未満の事業者は、消費税を納付しなくていいのです）。

厳密にいうと、前々年の売上が1000万円を超える事業者は、消費税の納税義務が生じることになります（1000万円を超えるかどうかは、前々年の売上を基準にされます）。

ということは、開業して最初の2年間は消費税を納めなくていいというわけです。前々年の売上がありませんからね。

「サラリーマンの副業で、売上が1000万円以上になるはずないじゃないか」

と思った方もおられるでしょう。

確かに、サラリーマンの副業で1000万円も売上を上げることはめったにないでしょう。それだけあれば、サラリーマンをやっている必要はありませんからね。

だけど**消費税は、売上1000万円に満たない事業者でも、大きく関係してくることがある**のです。それは、多額の固定資産を購入したり、多額の仕入れ経費がかかったような場合です。

消費税というのは、客から預かった「預かり消費税」から、仕入などのときに支払った「支払い消費税」を差し引き、残額を税務署に納付することになっています。式にすれば次のようになります。

預かり消費税－支払い消費税＝納付する消費税

そして、まれに「預かり消費税」よりも「支払い消費税」のほうが大きくなることがあるのです。

たとえば車などの固定資産を購入した場合、多額の支払消費税が発生します。その年に売上がそれほど大きくなければ、「支払い消費税」のほうが、「預かり消費税」を上回ることになるのです。

で、**「支払い消費税」が「預かり消費税」を上回った場合、原則として消費税が返っ**

てくることになります。

具体例を挙げましょう。

ある事業をはじめた人が、その事業のために200万円の車を買い、事務所のエアコンなどの電化製品50万円分を購入しました。その年の売上は100万円、経費は70万円でした。

この人の場合、客からもらった「預かり消費税」は、100万円の5%なので5万円ということになります。

そして、車の購入時に200万円、電化製品で50万円、経費で70万円、合計320万円に対しての5%を消費税として支払っていますので、支払い消費税は16万円ということになります。

そうすると、この人は、**預かり消費税5万円－支払い消費税16万円で、差し引き11万円のマイナス**ということになります。

このマイナス11万円は、消費税の申告をすれば還付されます。

ところが、売上が1000万円未満の人、または創業して3年未満の人は消費税の申告義務がありませんので、消費税の申告をすることができず、必然的に消費税還付も受けられません。

しかし、売上1000万円未満や創業3年未満の事業者でも、自ら希望して消費税の課税事業者選択届出書を出せば、消費税の申告をすることができます。

事業をはじめるときに、設備投資や購入品が多い場合などは、消費税の還付になることが多いので、そういう人は忘れずに消費税の課税事業者選択届出書を出しておきましょう。

課税事業者選択届出書の用紙は税務署にあり、書き方は簡単です。もしわからなければ税務署員に聞きながら書いてもいいでしょう。

課税事業者選択届出書は、事業をはじめる前に提出しなくてはならないので、初期投資が多い人は、あらかじめ準備しておきましょう。

コラム1　～プチ農家になって税金ゼロ生活～

これまで副業をして税金を安くする方法をご紹介してきましたが、実は「副業」を「農業」に置き換えることもできるのです。

最近、環境問題意識の高まりなどから、農業に興味を持つ人も増えています。また就農を支援する自治体も増えており、農家以外の人たちが農業に新規参入するケースも増えています。

できれば、就農したいと思っているサラリーマンの方も、多いのではないでしょうか？

この「農業」という職業も、サラリーマンと並行して行うことができ、農業で赤字が出たならば、それを給料の所得から差し引くことができるのです。

だから、あなたがもし農業をはじめた場合、税金が安くなることもありうるのです。

農業って、道具や機械を揃えたりしなくてはならないので、やりはじめのころは赤字になることが多いものです。というか、農業で黒字を出すには、何年かかかると思われるので、最初は当然のように赤字を覚悟しなければなりません。

「サラリーマンをやめて農業をする」

ということまで覚悟ができていない人でも、週末だけ農業をしてみることくらいはすぐにできるはずです。

週末農業でも、きちんと申告すれば立派に農業所得と認められますし、赤字が出れば、それを他の所得と通算することも可能なのです。

いずれ、脱サラして農業をやりたいと思っているような方は、節税がてら試しにやってみてはいかがでしょうか？

第3章

不動産経営という黄金の方法

3億円のアパートを持っているのに、税金はゼロの不思議

もし、こういう人がいたらあなたはどう思います？

年収800万円のサラリーマン。賃貸アパートを10室ほど持っていて、総資産は3億円以上。なのに、所得税はゼロ。

信じられます？

でも、こういう人は現実にいるのです。

なぜかって？

ここに、税金の抜け穴があるんです。

というのは、このサラリーマン、税務申告の上では、マンション経営が赤字になり、サラリーマンとしての収入を食いつぶしていることになっています。総収入を赤字で申告しているために、会社から源泉徴収されている百数十万円ほどの税金が還付されているのです。

マンション経営で損をしているなら、仕方ないじゃないか？

そう思ったあなた、お人好しですねえ。

このサラリーマン、アパート経営で本当は損なんかしていないのです。妻を従業員として雇った形にしたり、様々な経費を積み上げて、帳簿上は「赤字」にしているだけなのです。

年収800万円程度しかないのに、アパートを10室も持てるわけはないじゃないか？どうせ、こいつは地主のボンボンなんだろうって？

いや、そうじゃないんです。

年収800万円のサラリーマンでも、アパート10室を持つくらいのことはできるんです。いや、サラリーマンだからこそできる、といいましょうか。

第1章でも少し述べましたが、サラリーマンというのは、あなたが思っているよりもずっと金融機関からの信用は高いのです。10年以上1社で勤務したようなサラリーマンならば、アパートの1棟や2棟分の融資は、簡単に受けることができます。

最初は1棟のアパートからはじめて、ローンを払い終われば、そのアパートにも担保価値が生じますので、融資可能額は雪だるま式に膨れ上がっていきます。だから、年収800万円のサラリーマンが10室のアパートを持つことは、夢でもなんでもないんです。年収400～500万円のサラリーマンだって、賃貸マンションの1室や2室を持つことは、十分に可能なのです。

そして**不動産を持つと、資産は増えていくのに税金は減る**のです。このことは、知っておいて絶対、損はないのです。

不動産はサラリーマンの格好の節税アイテム

真面目で忙しいサラリーマンの方には、賃貸物件を買って一儲けした上に、税金を安くするなんて話を急にされても、ピンとこないかもしれません。

なのでまずは、不動産というものが税務的にどういう存在なのか、ここでちょっとお話しましょう。

「不動産」というものは、昔から金持ちにとって格好の節税アイテムとして利用されてきました。

不動産は、様々な税務上の特典があります。ただお金を貯め込むよりも、不動産を購入したり不動産事業を営んだほうが、税金が安くつくのです。

たとえば、資産を残すとき、現金で残せばその金額がそのまま相続資産となって相続税の対象となります。でも土地や建物にしておけば、その価値の評価方法は、時価よりもかなり低く抑えられます。

さらに土地や建物を購入する際に借金をしていれば、資産は相当減額されます。なので遺産は現金で残すよりも、土地や建物にしておいたほうが有利なのです。億万長者で、不動産を活用していない人はいない、とさえいえるでしょう。

しかし、不動産は金持ちの税金が安くなるだけではありません。

不動産というと、「金持ちのモノ」というイメージを持っている方が多いかもしれません。だから、サラリーマンにとって不動産は縁のない話だ、と。しかし、決してそうではないのです。

普通の人、**サラリーマンでも、不動産を持つことによって税金を安くする方法はある**のです。

このせっかくの節税アイテムを、金持ちだけに使われてしまうのは悔しい話です。

あなたも、この機会にぜひ活用してください。

不動産といっても、様々なものがあります。何千万、何億の金が必要なものばかりではありません。サラリーマンの収入に見合った不動産もあります。

サラリーマンなら、ローンを組めば、３０００〜４０００万円の物件は買えますし、ローンを組むのがいやなら２００〜３００万円で買える中古マンションもあるのです。何も駅前にビルを建設しよう、というわけではないのです。

そして不動産を使えば、税金が驚くほど安くなるものなのです。

たとえば、現在「住宅ローン控除」という税金の割引制度があります。詳しくは次項に述べますが、これはローンを組んで家やマンションを買うだけで、税金が劇的に安くなるという制度です。

また自宅ではなく、賃貸のためにマンションやアパート、家を買うことも節税につながります。

これも詳しくは後ほど述べますが、**不動産事業を営めば、サラリーマンでの給与所得を減額し、源泉徴収された税金を返還してもらうことも可能になります。**これをうまく使えば、税金を減らしながら、老後の資産を蓄積するという一石二鳥の財テクになるのです。

不動産というのは、富の象徴でもあります。不動産を持つ者の税金が安くなり、不動産を持たない者の税金は安くならない、というのはバカバカしい話です。だからサラリーマンこそ、不動産をうまく活用するべきだと私は思うのです。

家を持つと税金が安くなる「住宅ローン控除」とは？

この章では、不動産事業をすることで、会社からの給料にかかる税金を減らす方法を中心に紹介しようと思っていますが、その「大技」をご紹介する前に、まず準備運動として**「住宅ローン控除」**を紹介しましょう。

「ローンを組んで家を買えば税金が安くなる」

住宅ローン控除という制度ですが、なんとなく知っているけれど詳しいことは知らない、という人が多いのではないのでしょうか？

この住宅ローン控除とは、実は強力な節税アイテムなのです。

どれほど強力かというと、平均的な収入のサラリーマンが3000万円程度のローンを組んで家を購入すれば、所得税はほとんどゼロになってしまうのです。それが10年間も続くのです。

このような強力な節税アイテムであるにもかかわらず、サラリーマンの中には知らない人が多いようです。

税務署員などは皆、一定の年齢になると、この住宅ローン控除を当て込んで家を購入します。

税務署員は国家公務員なので、それほど給料は高くありません。それでも、家を購入したがるということは、それほどこの住宅ローン控除の節税効果が強力だということなのです。

この住宅ローン控除ですが、「所得税がほとんど取れなくなるので当局としても困る」ということで、いったんは2008年で終了予定となっていました。でも昨今の不況のため、拡充されて延長されました。

この住宅ローン控除を使うのと使わないのとでは、サラリーマンの経済生活は大きく変わるといえるでしょう。

税金がゼロになる「住宅ローン控除」の仕組み

住宅ローン控除とは、ローンを組んでマイホームを購入した場合、住宅ローンの年末

残高の1％分の税金が安くなるというものです。式にすれば次の通りです（控除率は年によって若干違います。詳細は表を参照してください）。

年末のローン残高×1％＝減税額

だから、3000万円程度のローンを組んで家を買った人の場合、年間残高が3000万円だったら、30万円の所得税が減じられるということです。

それが10年間続くわけです。

平均的なサラリーマンは所得税が30万円程度なので、所得税はほぼゼロになってしまう、という寸法です。

ローン残高は毎年減っていきますので、減税額もその分減っていきますが、10年間のトータルでだいたい200～300万円の減税になるわけです。

これは、年収500万円の人の手取り年収1年分に近い数字です。つまり、**年収500万円の人ならば、3000万円のローンを組んで家を買えば、1年分の年収が増える**ということなのです。

２００８年までは、年間20万円が最高減税額だったのですが、２００９年の改正では、最高50万円まで引き上げられています。

控除限度額は、マイホームに入居する年によって違ってきます。左の図の通り、２０１２年は、ローン残高３０００万円までが対象となるので、最高30万円まで減税となります。１年ごとに最高減税額は10万円ずつ減っていきます。

だから、税金だけのことを考えれば、２０１２年に購入するのがもっとも有利だということです。住宅ローン控除は、今のところ２０１３年までとなっているので、家の購入を考えている人は急ぐべきだといえます。

また２００９年の改正では、住宅ローン減税は、所得税だけではなく住民税も減税対象になりました。

住宅ローン減税の場合、減税額が20〜30万円と大きいことから、子供がいる平均所得の家庭などは、支払う税金が減税分に満たないことも多かったのです。所得税が15万円の人は、いくら20万円分の減税があるといっても、15万円しか税金は安くなりませんからね。

でも２００９年の改正では、所得税だけでは控除しきれない減税額がある人は、住民

税にも減税が及ぶようになったのです。住民税の減税は、本来の住民税額の半分まで、最高9万7500円となっています。

だから減税額が30万円あるけど所得税が25万円しかなかった人は、これまでは所得税の25万円しか減税されなかったのですが、2009年からは所得税25万円、住民税5万円が減税されることになったのです。

住宅ローン控除は、新築の購入だけではなく、増改築でも受けることができます。10年以上のローンで、100万円以上の工事をすれば、住宅ローン控除の条件に該当するのです。

昨今では、新築同様になるリハウスなど

住宅ローン減税

入居する年	対象となるローン残高	最大控除額	控除期間・控除率
2012年	3000万円以下の部分	300万円	10年間 ローン残高の1%
2013年	2000万円以下の部分	200万円	10年間 ローン残高の1%

もあります。すでに家を持っているという人は、この際、リハウスをしてみたらどうでしょう？

また今回の改正では、耐震性や省エネ性能が高く、耐久性にすぐれ、一般の住宅よりも寿命が長い「長期優良住宅」については、一般住宅とは別に制度が設けられており、さらに減税額が大きくなっています。住宅ローン控除の具体的な手続き方法については、税務署におたずねください。

なぜ、サラリーマン大家は税金が安くなるのか

賃貸アパート、賃貸マンション、貸家などの不動産事業は、サラリーマンにとってかなり有効な節税策となります。

どういうことか簡単にいえば、不動産事業で赤字が出れば、その分を給料所得から差し引くことができるので、給料にかかる税金が安くなるのです。

第2章でご説明したように、個人の所得にかかる税金（所得税、住民税）というのは、いくつかの所得を組み合わせて税金の申告をするようになっています。

そしてサラリーマンが、アパート賃貸などの不動産事業をしている場合、サラリーマンでの給与所得と、アパート賃貸での不動産所得を合算して、その総額に対して税金がかかるようになります。

もし不動産所得が赤字だった場合、その赤字分は給与所得から差し引かれることになります。

たとえば、給与所得が500万円あって、不動産所得は300万円の赤字の人がいるとします。

この人の税金は、500万円－300万円で差し引き200万円に対してかかることになります。

会社の経理では、500万円の所得として税金が計算され、源泉徴収されていますから、当然、払いすぎているということになります。なので、この人は確定申告をすれば、源泉徴収された税金がかなり戻ってくるのです。サラリーマン大家で節税する場合は、副業のときと同じように、自分で確定申告をしなければなりません。が、前述したようにそれほど難しいものではありません。詳しくは94ページを参照してください。

この方法で、給与所得にかかる税金を還付してもらっている人は、けっこういるので

不動産業をすれば、なぜ節税になるのか？

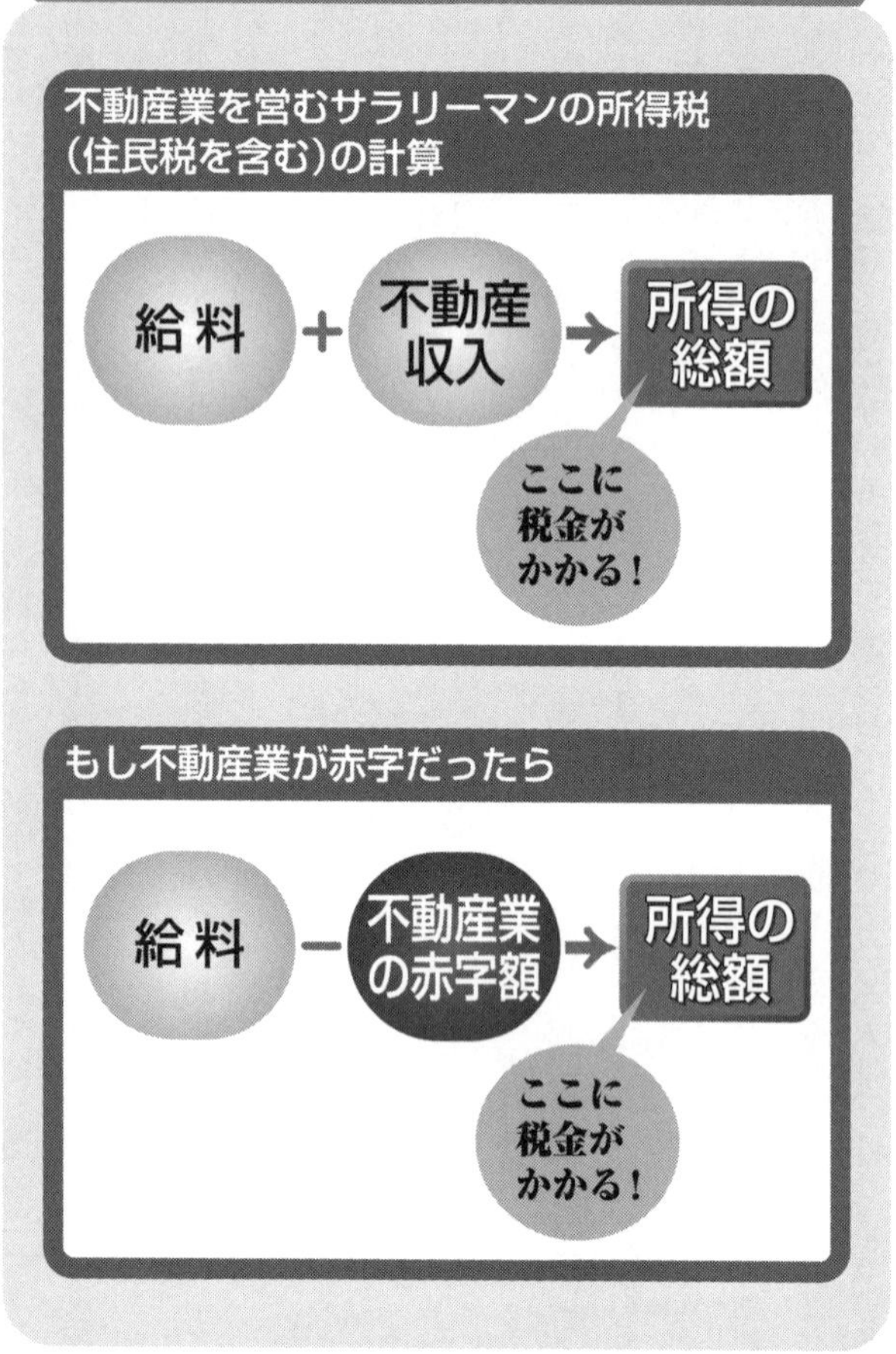

す。

サラリーマン大家はどっちに転んでも得をする

サラリーマンが不動産業に適しているといえるのは、「サラリーマン大家はどっちに転んでも得をする」からです。

サラリーマンは不動産業が赤字になった場合は、給料の税金が安くなるという恩恵を受けることができます。

また不動産業が黒字になれば、給料の他に美味しい収入を得られるということなので、これまた素晴らしい恩恵といえます。

つまりは、**赤字と黒字、どっちに転んでも恩恵を受けられる**というわけです。

これが、普通の不動産事業者ならばそうはいきません。不動産で赤字を出せば、そのまま収入に響きますからね。必死にやらなければならないわけです。

もちろん、「サラリーマン大家は赤字でも税金が安くなるからいい」といっても限度はあります。

まったく収益のことを考えないで、帳簿上だけではなく本当に赤字になって、持ち出しが続くのであれば大変です。だから、ある程度は不動産について研究し、損をしない程度の経営を行わなければなりません。

大家の業務は、ビジネスとしてしっかり行うことは当たり前ですが、専業の不動産業者よりもサラリーマンのほうが、余裕のある状態で不動産事業を行えるというのは確かなことなのです。

お金は減らないのに経費を計上できる「減価償却」とは

「不動産事業で赤字を出して税金を安くする」というと、どうしてもこういう疑問が起きることでしょう。

「税金が減っても、不動産業で赤字を出せば元も子もないじゃないか？」

確かに、不動産事業で大きな赤字を出してしまえば、給料の税金が安くなったところで、収入自体が大きく減るわけなので、本末転倒ということになります。

だから不動産事業に関しては、赤字にならないように研究しなければならないといえ

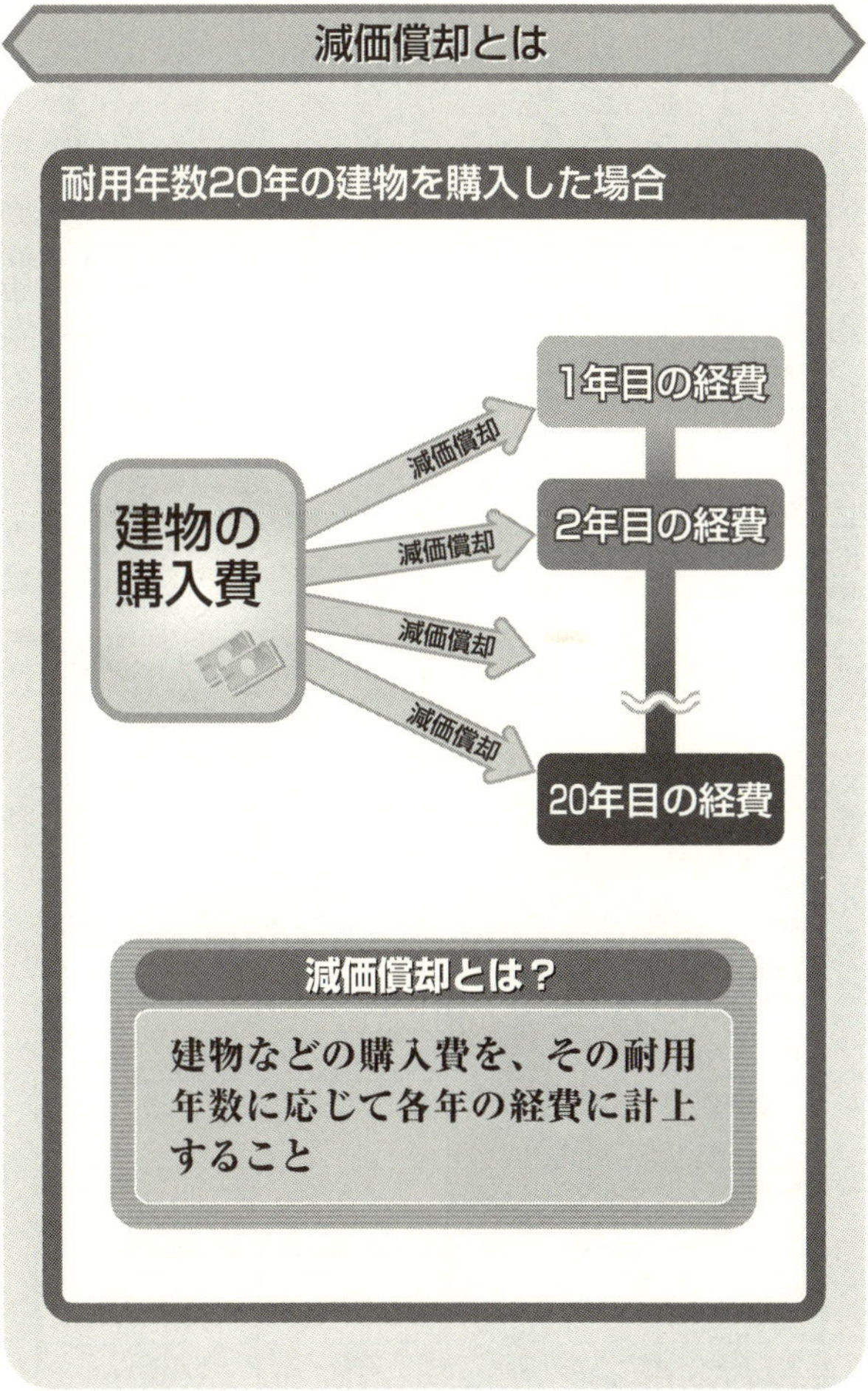
減価償却とは
耐用年数20年の建物を購入した場合
建物の購入費
減価償却
減価償却
減価償却
減価償却
1年目の経費
2年目の経費
20年目の経費
減価償却とは？
建物などの購入費を、その耐用年数に応じて各年の経費に計上することます。（不動産事業のノウハウについては、筆者は専門ではないので、他書で研究してください。本書では、あくまで「不動産業を行うことによるサラリーマンの節税」を紹介するというのが趣旨ですので）

けれど、不動産事業というものには不思議な仕組みがあり、実際にはお金は出て行っていないのに、帳簿上は赤字になっている、ということがあるのです。

不動産事業には、減価償却というマジックがあるのです。

減価償却については105ページでも説明しましたが、会計をやっていても、意外とわかっていない方も多いのです。

でも基本的な仕組みは非常に簡単です。

住居用建物の耐用年数

建物の種類	耐用年数	減価償却率
鉄骨鉄筋または鉄筋コンクリート造	47	2.2%
れんが、石、ブロック造	38	2.7%
金属造（骨格材の肉薄4ミリ超）	34	3%
金属造（骨格材の肉薄3ミリ超～4ミリ以下）	27	3.8%
金属造（骨格材の肉薄3ミリ以下）	19	5.3%
木造または合成樹脂	22	4.6%
木造モルタル建て	20	5%

減価償却とは、1年以上使える高額なもの（10万円以上）を事業のために購入した場合、その耐用年数に応じて、購入費用を各年に案分して費用化するという制度です。

たとえば、耐用年数10年で、100万円のものを買った場合、最初の1年間に全部費用として計上するのではなく、毎年10万円ずつ10年間にわたって費用化していくのです。減価償却の方法にはいくつかあるので、この数字だけが正解ではないのですが、理屈からいえばこういうことです。

不動産事業を行うために、マンションやアパートを購入した場合、それも当然、減価償却をすることになります。

減価償却というのは、実際に費用として、お金が出ていくわけではありません。なのに、帳簿上でだけ費用として計上されていくわけです。

「実質利益100万円なのに赤字」のカラクリ

実質的には利益が出ているのに、帳簿上は赤字になるというカラクリは、会計初心者の方には、若干わかりにくいところですね。

ここで実例を挙げて、ご説明しましょう。

木造モルタル建てのアパート（4部屋）を3000万円で、30年のローンを組んで建てた人がいるとします（説明の便宜上、土地は最初から持っていたことにします）。

家賃収入は、1部屋当たり月5万円で、年間60万円。4部屋とも1年間埋まっていたら240万円の収入になるというわけです。部屋は年間8割程度埋まっていたとしまして、年間収入が192万円ということになります。

で、減価償却の話です。

この建物の資産価値は3000万円です。木造モルタルの建物は耐用年数が20年なので、1年間に5％ずつ減価償却していくことになります。ということは、3000万円×5％で、150万円です。

つまり、この150万円を減価償却費として計上できるのです。

さらに、この人はローンを組んでアパートを建てていますから、その支払利子も経費として計上できます。

利率が2・5％として、3000万円×2・5％で75万円。この75万円が支払利子として計上できます。

減価償却費150万円に支払利子75万円を足せば、225万円です。この時点ですでに、家賃の年間収入192万円を大きく超えています。

これに、不動産屋への支払いや建物の修繕費など、様々な雑費の経費が全部で50万円あったとします。

すると、経費は全部で275万円となり、80万円以上の赤字になるのです。

で、実際のお金の出し入れはどうなっているかも計算してみましょう。

収入は192万円、これは全額現金で入ってきますね。

出ていくお金は毎月のローンが10万円く

木造モルタルアパート経営の実例

帳簿上の収支

収入	
家賃	192万円
経費	
減価償却費	150万円
支払利子	75万円
諸経費	50万円
合計	−83万円

実際のお金の増減

入ってくるお金	
家賃	192万円
出て行くお金	
ローン	120万円
固定資産税	20万円
諸経費	50万円
合計	2万円

らいなので、年間120万円程度です。そして不動産屋への支払いなどのもろもろの経費が50万円、固定資産税が20万円として全部で190万円。

つまり入ってくるお金（192万円）のほうが、出て行くお金（190万円）よりも多いことになります。

なのに**帳簿上は、80万円以上も赤字が出ている**のです。

もちろん、この収支は、入室状況などによって変わってきます。

もし満室の状態がずっと続けば、赤字はもっと少なくなりますし、部屋の空きが多ければ、赤字は多くなるということです。

不動産事業は、多少の損をしても資産の蓄積になる

不動産事業は、毎年の収支では多少の損をしていても、不動産という資産を持っているわけですから資産の蓄積になっているのです。

もしかしたら家賃収入よりも、ローンの支払いのほうが大きいときもあるかもしれません。しかし、それだけで「損をしている」ということにはならないのです。ローンの

支払いはただ出て行くお金ではなく、資産を蓄積しているからです。

不動産事業というのは、2つの収入があるのです。「毎月の不動産収入」と「不動産そのものの価値」です。

「不動産そのものの価値」は、日常的にはあまり役に立ちませんが、いざというときに役に立ちます。

たとえば、どうしてもまとまったお金が必要なときに、不動産を売却することで、大きなお金を得ることができます。またローンを完済していれば、その不動産を担保にお金を借りることもできます。

つまり、不動産事業というのは、日々の収入を得るのと同時に、いざというときの保険をかけているのと同じことなのです。

中古物件はさらに節税に使いやすい

「不動産事業をやってみたいけど、アパートを建てたり、新築マンションを買うまでには、まだちょっと思いきれない…」

こう思っている方もいるでしょう。

そういう方には、中古物件を利用することをお勧めします。

中古のアパートや中古マンションなどを購入して、賃貸にするのです。

または、すでに賃貸されている中古マンションなどを購入するのです。居住者がいる中古マンションは、空室のマンションよりも若干割安になっています。

中古物件は、減価償却の面でさらに有利になります。

建築されてからこれまでの経過年数の8割が、耐用年数から差し引かれるので、かなりたくさんの減価償却費を計上できるのです。

たとえば、築10年の木造モルタルアパートを1200万円（建物価格）で購入したとします。

このアパートの耐用年数は、次ページの図のように12年になります。ということは、このアパートは12年間で減価償却していくことになるので、年間100万円の減価償却費を計上することができます。

この物件を20年ローンで購入したとすれば、1年間のローン支払い額は60数万円になるので、出て行くお金（ローン）は60数万円なのに、経費計上できるお金（減価償却

中古建物の耐用年数

簡便法による計算の方法

法定耐用年数 －（使用年数×0.8）＝ 中古資産の耐用年数

計算例

法定耐用年数が20年で、使用年数が10年の中古建物の場合

20年 －（10年 ×0.8）＝12年

↑ 耐用年数

費）は１００万円となるのです。

ただ中古物件については、気をつけなくてはならない点があります。

それは収益性です。

収益性がいい物件であれば、オーナーは手放すことはあまりないので、購入できる物件は収益性が低いことも考えられます。

すべての中古物件がそうだとはいいませんが、あまり儲からないから売りに出されているという可能性は、否定できません。

その点は、しっかり検討しなければならないでしょう。

過去、現在の収益状況は、不動産屋に聞けば教えてくれますし、特殊事情があればそれも教えてくれるはずです。

サラリーマンは大家に適している

不動産事業は、実はサラリーマンにとても適しています。

というのも、まず**サラリーマンは資金調達が容易**です。サラリーマンは銀行や金融機関には非常に信用がありますから、マンションやアパートの建築資金はすぐに融資してもらえるのです。

これが、自営業者やフリーランサーだったら、そうはいきません。

彼らは金融機関に信用がありませんから、過去の申告書を提出したり、これまでの収入状況を説明したりして説得する必要があります。

その反面、サラリーマンは、そういう作業がほとんどいらずに、お金を調達することができるのです。

サラリーマンは、自分ではこの利点にあまり気づいていません。この利点は、うまく使うべきだと筆者は思います。

筆者などは、サラリーマンから貧乏ライターに転じたので、サラリーマンのこの利点は嫌というくらい知っております。サラリーマン時代、クレジットカードの審査で落とされることなど、まず考えられませんでしたが、自営業者になると普通に落とされます。デパートのクレジット受付で、何度気まずい思いをしたか知れません。

おっと、話が横道にそれましたね。

サラリーマン大家の優位性は他にもあります。

不動産事業は、あまり手がかからない業務です。だから忙しいサラリーマンにはうってつけなのです。

不動産事業は、開始当初こそ、建物を建てたり購入したりと、少しわずらわしい手続きが必要です。不動産を貸せる状態にするまではけっこう大変です。でもいったん賃貸をはじめれば、後はそれほどすることはありません。

たまに部屋の不具合やトラブルが起きて対処するくらいです。

「何もしなくていい」とまではいいませんが、少なくとも他の事業に比べれば、はるかに手間がかからずに済みます。

数部屋程度の不動産事業であれば、サラリーマンでも余裕でやっていけるのです。

そしてサラリーマンには、さらに有利な条件があります。

それは、**サラリーマンは不動産事業で遮二無二利益を上げなくてはならないわけではない**、ということです。

サラリーマンには、本業があります。

その本業で食べていけるわけですから、不動産事業で無理な経営をする必要はないのです。家（建物）は資産として残りますから、損さえ出さなければいいのです。

またサラリーマンの場合、副業をしようと思っても、会社が禁止していたりしてなかなかできるものではありません。

でも不動産事業ならば、暗黙で認めている会社もけっこう多いものです。親が土地や賃貸物件を持っていて、それを引き継いでいるというような人はいくらでもいますから。

だから副業としても、不動産事業はサラリーマンにとって都合のいいものです。

ということで、ちょっと資金の余裕のあるサラリーマンが事業をしようという場合、不動産事業はうってつけだともいえるのです。

不動産は年金の代わりにもなる

不動産事業は、節税になるとともに、年金の代わりにもなります。

不動産事業は、投資としてあまり有利ではない、ということが時々いわれます。実質的な年利が３～５％の物件も多いので、株など他の投資を行ったほうがいいというわけです。

また不動産事業は、資金の回収に時間がかかるので、年配の人にとっては元が取れない、ということもいわれることがあります。

しかし筆者は、これは的を射たものとは思えません。

たとえば、定年を5年ほど残した50代の人が、３０００万円を不動産に投資したとします。この投資を回収するのには20年以上かかることになっています。もしかしたら、この人は、投資を回収するまで生きていないかもしれません。

しかし、不動産投資をしていれば、一定の収入がずっと入ってくるわけです。資金の回収が終わってからも、30年、40年と定額の収入が得られるわけです。老朽化して、店子《たなこ》が入らなくなっても、資産としては残っているので、そのときは売るか、建てなおすかをすればいいわけです。

つまり**不動産事業は、自分が所有している限り、その期間は金を生んでくれるもの**なのです。

一方、もし３０００万円を投資せずに、貯金していたとします。低金利時代では利息はほとんどつきませんので、この3000万円は生活費に当てられ、年月とともに減っていくばかりなのです。

人間は、いつまで生きるのか、自分ではわかりません。50代のとき、残りの人生が20年になるのか、30年になるのか、はたまた40年になるのか、だれにもわからないのです。

となると、3000万円の貯金は、毎年どのくらい使っていけばいいのか、計画の立てようがありません。

20年で死ぬのならば、年間150万円は使えますが、40年生きる可能性もあるわけだし、その場合は年間75万円しか使えない、そういうことで悩まなければなりません。

また、時間が経つごとに貯金は目減りしていきます。

70代では残額が1000万円を切り、80代で残り2～300万円となれば、心細いことこの上ないものです。貯金で老後をすごすというのは精神衛生上、非常によくないことなのです。

そういう点を考えれば、不動産業はその収入以上の価値があるといえます。

不動産事業は、投資した金を回収するのに何十年もかかるし、年利にすればそうたいしたことではないのですが、毎年、毎年、定期収入が入ってくるという利点は評価できます。

急な転勤で所有マンションが宙に浮いたとき

サラリーマンには、転勤はつきものです。

せっかくマンションを購入したのに、転勤になって住むことができない、というようなケースも多いと思われます。

そういうときは、**そのマンションを賃貸にして、家賃収入を得ながら、節税をする**というのも1つの方法です。

マンションの賃貸収入がローンをやっと払える程度で、その中から不動産屋に手数料などを払えば、ローンもろくろく賄《まかな》えない場合もあるでしょう。でも、全額自腹でローンを払うよりはずいぶんマシです。

また、**賃貸業で赤字が出た分を給料で差し引くことができるので、節税にもなりま**

す。

これまで自分が居住用で使っていた家（マンション）でも、賃貸にした場合は、はじめから賃貸にしていたのと同じように、減価償却費なども計上できます。つまり、不動産事業の経費は、ちゃんと計上できるのです。

だから大概の場合、サラリーマンが自分の部屋を他人に貸すような場合は、帳簿上は赤字になります。

その赤字を給与所得から差し引くことができるので、大きな節税となるのです。

そもそも**不動産所得の赤字を、給与所得で穴埋めできる仕組みというのは、転勤サラリーマンのために作られたもの**なのです。

転勤の多いサラリーマンは、せっかく家を買っても、自分では住めずに、やむを得ず賃貸に出すことが多く、それではかわいそうなので、賃貸事業で出た赤字を給与所得から差し引くことで、せめて税金を安くしてあげましょう、というのが最初の導入理由だったのです。

ところが、当局の案に反してこの制度を利用するのは、もともとの地主で不動産をたくさん持っているサラリーマンばかりになったのです。

このように、地主サラリーマンばかりにおいしい思いをさせるのは癪《しゃく》にさわる話です。みなさんも、ぜひ利用しましょう。

規模を拡大すればさらにダイナミックな税金対策ができる

ここまでは、サラリーマンが大家に向いているということを述べてきました。

しかし、片手間ではなく本格的に不動産事業をやってみたいという人もいるでしょう。不動産事業を本格的にやれば、さらにダイナミックな節税ができます。

そのことをご紹介しましょう。


不動産事業は、規模の大きさによって所得税の取り扱いが違ってきます。

一定以上の規模で不動産事業を行っている場合は、「事業的規模」として認められ、一般の事業者と同じように、本格的な節税策を講じることができるのです。

事業的規模の不動産事業をしたときの特典は、次のようなものがあります。

（1）事業専従者給与の経費算入ができる
（2）65万円の青色申告特別控除ができる
（3）業務用資産の取壊し、除却等損失の全額が経費算入できる
（4）賃貸料等の回収不能による貸倒損失が、その年分の必要経費になる
（5）延納に係る利子税で不動産所得対応分が経費算入できる

（1）の**「専従者給与」**というのは、自分の親族などがその事業で働いているときに払う給料のことです。つまり、「事業的規模」になれば、自分の奥さんなどを従業員にし、給料を払うことができるのです。

さらに青色申告にすれば、専従者給与が支払った分だけ認められます。白色申告でも年間50万円（配偶者は86万円）までは、専従者給与が認められています。

しかし「事業的規模」でなければ、専従者給与は認められていません。だから、家族が不動産事業の手伝いをしても給料は払えないということです。

（2）の**「65万円の青色申告特別控除」**というのは、「事業的規模」であれば、青色申

告をした場合に65万円の控除が受けられるというものです。

これは青色申告を普及させるための特例で、青色申告を選択した人は、それだけで65万円を経費に上乗せできるという制度です。「事業的規模」でなければ、この特例が大幅に縮小され10万円の控除しかないのです。

（3）の**「業務用資産の取壊し、除却等損失の全額が経費算入できる」**というのは、自分が所有している事業用の建物を取り壊したり、売却したりするとき、損がでればそれを所得から差し引くことができ、損が所得額を超えれば、赤字に計上することができるというものです。

もし「事業的規模」でなければ、その年の不動産所得の金額までしかその損は計上できません。つまり建物の取り壊しなどの損金の計上は、赤字にすることはできないのです。

（4）の**「賃貸料等の回収不能による貸倒損失が、その年分の必要経費になる」**は、家賃の回収不能などがあれば、その年に経費として計上できるということです。

（5）の**「延納に係る利子税で不動産所得対応分が経費算入できる」**というのは、税金を延納したときにかかる利子（利子税）のうち、不動産所得に関係するものは経費として計上できるというものです。

このように、「事業的規模」になれば、相当の税務上の恩恵を受けることができるのです。

もし不動産事業をはじめて、自分の体質に合っていると感じた人は、規模を大きくして「事業的規模」にまでするといいでしょう。

ただ「事業的規模」にすることは、デメリットもあります。

「事業的規模」になると事業税がかかる可能性が高い、ということです。事業税というのは、事業を行っている人に課せられる税金ですが、規模の小さい事業者は免除されているのです。

不動産所得の上で「事業的規模」と認められれば、それがすなわち事業税の課税を意味するわけではありません。両者に法的な連携はありませんので。

しかし、現実的にいって、「事業的規模」として認められるくらいならば、事業税が課されてもおかしくないということになるのです。

その点は、注意が必要です。

どの程度の規模があれば「事業的規模」と認められるのか？

前項では「事業的規模」のメリットを述べましたが、では、どの程度の規模があれば、「事業的規模」と認められるかということをご説明します。

一定以上の規模とは、次の通りです。

(1) 貸間、アパート等については、貸与することのできる独立した室数が概ね10室以上であること。

(2) 独立家屋の貸付けについては概ね5棟以上であること。

この条件を満たしていれば、「事業的規模」として認められるのです。

不動産を自分1人ではなく共有で持っているとしても、この条件を満たしていれば、「事業的規模」になります。

貸室と貸家の両方を持っている場合は、貸室2部屋で、貸家1棟に換算できることになっています。

また駐車場を持っている場合は、5台分を貸室1つに換算することができます。

なので、10台分の駐車場と貸室6部屋、貸家1棟を持っている人も、「事業的規模」と認められるのです。

物件選びは慎重に

これまで、サラリーマンが大家になると、節税になり資産蓄積にもなる、ということを述べてきました。

かといって、不動産ならばなんでも購入すればいい、というわけではありません。なるべくなら収益性が高い物件を購入するべきであり、「本当の赤字」が出るような物件は購入すべきではありません。節税額以上の赤字が出るようならば、本末転倒だからです。

なので、物件選びは慎重に行いましょう。

1年間くらいは、いろいろ物件を見て回って研究したほうがいいでしょう。また自分に土地カンがある場所で購入したほうがいいでしょう。だいたいの相場もわかるだろうし、不動産事業を行う上でも都合がいいので。

こういうとき、収入の道があるサラリーマンは有利なのです。あわてて物件を買わなくていいですからね。気に入ったものがあれば買えばいいのですから。


気をつけていただきたいのは、**「不動産物件に掘り出し物はない」**ということです。

どういうことかというと、不動産物件というのは、「相場からかけ離れて安いものが出回るようなことはない」ということです。

不動産物件というのは、不動産業者をはじめ、いろんな業界の人が虎視眈眈と狙っているものです。

少しでもいい物件があると、たちまち彼らにおさえられてしまいます。だから、素人が掘り出し物を手にすることなど、あり得ないのです。

もしそういう物件があるとすれば、なんらかの理由があるのです。毎年、洪水で水浸しになるとか、どこかに欠陥があるものです。相場よりも安い物件に出くわせば、その理由をとことん聞くことです。

だからといって、市場よりも著しく高い物件もそう出るものではありません。不動産業界は競争が激しいので、市場価格ギリギリのところで推移していることが多いのです。だから、**普通にやっていれば、そう変なものを掴まされることはありません。**素人だからといって恐れるものでもないのです。

ただ、その地域の相場とか、立地条件と値段の関係などは、十分に研究したほうがいいでしょう。

不動産購入に関する詳しい話は、本書の趣旨ではないので、この程度にしておきますが、くれぐれも研究は怠らないことです。

バブル崩壊の危険

不動産事業をするときに、もっとも懸念されるのは、不動産の価値が急落することでしょう。

10数年前にはバブルの崩壊、つい最近もサブプライムローン問題を経験した私たちにとって、不動産価値の下落は大いなる脅威となっています。

「不動産の価値は、絶対に下がらない」ということはありません。

だから不動産事業をするときには、不動産の価値が下がるかもしれない、というリスクは、認識しておかなければなりません。不動産の相場がどうなるのか、というのは、だれにもわかりません。

筆者としても、「不動産事業をすれば間違いなく成功する」などということはいえません。

けれど、**バブル崩壊やサブプライムローン問題のようなダメージを受けないで済むように、不動産事業を行うことは可能です。**


バブル崩壊やサブプライムローン問題で打撃を受けた人というのは、2つの大きな特徴を持っています。

1つは、**不動産の値上がりを当て込んだ商売をしていた**、ということです。

もう1つは、**バブルに乗じた無理な資金調達をしていた**、ということです。

バブル崩壊やサブプライムローン問題でダメージを受けた人は、はじめから不動産の値上がりを期待した商売、いってみれば投機をしていたわけです。不動産を担保にしてお金を借り、転売して莫大な利益を上げる。だから不動産価値が値下がりすれば、借金が返せなくなり、たちまち行き詰まってしまったわけです。

バブル崩壊もサブプライムローン問題も、枝葉の違いはありますが、だいたいこのような仕組みで破綻にいたったわけです。

つまりは、彼らは丁半博打をしていたようなものなのです。

なので、**博打的な要素を排除し、不動産の価値が値上がりしなくてもやっていけるような状態で、不動産事業をすればいい**のです。

サラリーマンは、その職業的な信用でお金を貸してもらうわけですので、収入が極端に下がらない限り、ローンが払えなくなることはありません。だから無茶な融資を受けて、何もかも失うというようなことはないでしょう。

まあ、サラリーマンに限らず、今はどこの金融機関も無理な融資はしないので、どうしても堅実な調達にならざるを得ないと思います。なのでその面のリスクは、あまりないといえます。

それと、不動産の値上がりの収益を期待しないことです。不動産が値上がりして、それを売却して利益を得ようなどとは考えず、不動産事業そのもので収益を上げられるようにするべきです。

この点を考慮しておけば、不動産価値の下落が起きたとしても、何もかも失うようなダメージを受けることはないのです。

コラム2　〜奥さんからの徴収を逃れる方法〜

サラリーマンにとって、多額の税金を天引きされることは確かに痛いことです。

しかし、お父さん方にとっては、国家の他にもう1つ怖い徴収機関があります。

そうです、奥さんです。

人によっては、国家よりも厳しい取り立てにあっているかもしれません。

せっかく税金を安くできても、この「第2の税金」で上前をすべてはねられれば、元も子もありません。

なので、ここで「第2の税金」から逃れる方法をちょっとご紹介しようと思います。

これは、私が税務署に勤務していたころ、先輩が本当にやっていたことです。

まず、奥さんに内緒で新しく口座を作ります。いわゆる隠し口座という奴です。

そして給料の振込口座を、その新しい口座に変更してくれるように総務にいいます。

だから、次の月から給料は、奥さんが持っている口座ではなく、奥さんの知らない新しい口座に振り込まれます。そして、自分のヘソクリを差し引いた残額を奥さんが持っている口座に、自分で振り込むのです。

そして振込名義は、「○○税務署（勤務先名）」ということにします。

奥さんから見れば、通常通りちゃんと職場から給料が振り込まれているわけなので「あれ、ちょっと先月より振り込み額が少ないわねえ」というだけの話です。

そして、振り込み額とつじつまの合う明細書をパソコンで自作します。

ここで気をつけなくてはならないのが、基本給です。女性はお金のこととなると、妙に細かいところまで覚えていることが多いように感じます。だから基本給などを下げると、たちまち「なぜ基本給が下がっているの？」などと詰問されかねません。

だから、残業代などの毎月変動するようなものを下げるようにしましょう。

もし、「今月ちょっと少ないわねえ」などといわれたら、「残業代が削られちゃってさ」などと誤魔化しましょう。

そして、あまり急激に振り込み額が下がると不審に思われるので、抜き取るのは少しずつにしておきましょう。数千円単位で少しずつ下げたほうがいいでしょう。

これは脱税の手法を応用したものです。

日夜、巧妙な脱税を追求している税務署員にとって、この程度のことはお手の物というわけです。

第4章

自営業者の恩恵が思いのままに

サラリーマンの独立で、税金、社会保険料が大幅減

サラリーマンの税金を劇的に安くする方法に、**「サラリーマンが独立し、会社と業務契約を結ぶ」**というものがあります。

「独立して業務提携」というと、なんか絵空事のようにも思えます。

でも、これは会社にも社員にもメリットがあることであり、実際に行っている企業もあります。メリット、デメリットをしっかり把握して、それなりの環境を整えれば、決してできないことではないのです。

サラリーマンにとって「独立」というのは、大きな夢の1つだともいえるでしょう。

普通、独立というと、会社から離れて、独自に事業を起こすことになりますが、この方法の場合、会社の仕事を引き受けるという形はとりながら、社員という身分から独立事業者という身分に変身するというものです。

そうすることで、**引き続き会社の仕事をしながら、税金や社会保険料が劇的に安くなるのです。**

その仕組みは、簡単にいうと次のようなことです。

社員は、これまでの業務を、社員としてではなく事業者として業務請負をします。そして事業者として様々な経費を積み立てて、税金や社会保険料を安くしようというわけです。

サラリーマンならば、会社が税金を源泉徴収してしまうので、自分の努力で税金を下げることはできません。しかし事業者の場合は様々な経費を積み上げることで、収入を低く抑え、税金を安くできます。

第2章では、サラリーマンが副業をして経費を積み上げて、給料の分の税金を減らすというワザを紹介しました。しかし今回のワザは副業ではなく、日頃会社でやっている業務を社員としてではなく、「独立事業者」としてやるというわけです。

そして、副業のときと同じように経費を積み上げて、所得を減らし、節税をするというわけです。

なので、今回の方法はよりダイナミックになります。節税の方法も飛躍的に広がります。その代わりクリアしなければならない様々な問題もあります。それらの問題を1つずつクリアして、この方法を導入すれば、サラリーマンにとって新しい形態の働き方ができるんじゃないかと私は思います。

自営業者の恩恵をサラリーマンにも！

税務の世界では、「とーごーさん（10、5、3）」という言葉があります。これは、課税されている所得の割合のことを指す隠語です。**サラリーマンは所得の10割に課税されていますが、自営業者は5割にしか課税されていない、農家は3割にしか課税されていない**という意味です。

サラリーマンは、会社から税務当局に給与の額が報告されるので、収入を隠しようがありません。

また経費を計上することも認められていないので、「経費を積み上げて所得を抑える」ということもできません。

しかし、自営業者ならば、所得は自分で税務署に申告することができる上、経費はかかっただけ計上することができます。なので、自分の思うように所得を調整できるので、その結果、実際の所得の5割程度にしか課税されていないんじゃないか、といわれているわけです。

つまり、自営業者になれば、税金は所得の5割にしか課税されないで済むのです。**こ**

の自営業者の特権を、サラリーマンにも取り込もうというのが、「独立して業務契約を結ぶ」という方法です。サラリーマンの1人1人が自営業者、経営者になるということです。

これは、外資系企業などがよくとっている方法です。

普通、サラリーマンの場合、会社との関係は、「会社と社員」ということになります。この形態では、仕事の報酬は「給料」という形で支払われます。

給料は、税制上、給与所得ということになり、3割程度の「サラリーマン控除」を差し引いて、その残額に税金がかけられます。

しかし「会社と業務委託者」という形態ならば、その仕事の報酬は事業者同士の取引ということになるのです。

したがって会社は、社会保険料も払う必要がありません。

また業務委託をされた側は、その報酬は、事業の売上という形で計上されます。この売上から様々な経費を差し引いた残りに、税金がかかることになるのです。**経費を増やせば増やすほど、税金は安くなる**ということです。

年収500万円のサラリーマンの手取りが100万円増える

さて、サラリーマンが独立すればどの程度税金が安くなるのか、具体的に検討してみましょう。

収入が1000万円のとき、給料の場合と事業収入の場合の税額の比較をしてみます。

まず給料の場合。

給料1000万円ならば、サラリーマン控除（給与所得者控除）は220万円なので、1000万円−220万円で、差し引き780万円が課税所得ということになります。この780万円に税率をかけたものが税金になるのです。

一方、事業収入の場合。

1000万円の事業収入の場合、個人事業者の平均的な経費率というのは7割程度ですので、1000万円−700万円で、差し引き300万円が課税所得ということになります。この300万円に税率をかけたものが税金になるのです。

給料も事業収入も税率は変わりませんので、780対300の割合で税金の額が違ってくるということです。

つまり、ダブルスコア以上の差があるのです。

で、前述しましたように、サラリーマンの場合、税金や社会保険料が収入の4割を占めているわけですので、もしこれが半分になれば20%もの収入アップになるのです。

収入500万円の人で実質100万円の増収、収入1000万円の人では実質200万円の増収になるのです。

独立して業務契約を結ぶことが、なぜ節税になるのかわかっていただけましたか？

会社も社会保険料と消費税の節減になる

社員が独立して業務契約を結ぶことは、会社にとってもメリットのあることです。

先ほども述べましたが、まず**社会保険料が節約**されます。社会保険料は、会社と社員が折半で払っているので、社員が独立すれば会社の負担分がなくなるのです。

また**消費税の節税**にもなります。

消費税というのは、売上のときに顧客から預かった「預かり消費税」と、仕入のときに支払った「支払消費税」の残額を、税務署に納めることになっています。

消費税の納付額の計算は、おおまかにいって次のような公式になります。

〔売上 －（経費 － 人件費）〕×5％

なぜ経費から人件費を差し引くのかというと、人件費には消費税がかからないことになっているからです。

この公式を単純化すると、次のようになります。

（利益 ＋ 人件費）×5％

消費税は、単純化すれば利益と人件費に5％をかければ算出できるのです。

なぜ、このようなことになっているでしょうか？

自営業者や企業は、売上が1000万円以上あれば消費税を納税しなければなりません。しかし、サラリーマンは年収1000万円以上あっても、消費税を納税する必要はありません。なぜなら、人件費には消費税はかからないという建前だからです。

しかし、この建前は企業にとっては、負担になっているのです。

なぜなら、普通は経費が多くなれば、支払い消費税が多くなるので、納付する消費税は減ります。でも人件費はいくら増やしても、支払い消費税を計上できないのです。だから、公式のように**（利益 ＋ 人件費）×5％という、「消費税とは人件費にかかる税金」**というようなことになるのです。

会社にとって、人件費が減って、業務委託費が増えるということは、その分、納付する消費税が減ることになります。たとえば年収1000万円の社員が独立して、業務委託費としてその1000万円を払うことにすれば、50万円の消費税の節約になるのです。

社会保険料と消費税を合わせれば、独立者1人当たり20～30％の経費節減となります。

法人化すればさらに節税になる

サラリーマンが独立して会社と業務契約を結ぶ場合、その事業形態は、個人事業でやることもできますし、法人化（会社化）することもできます。

遮二無二会社を作らなくてはならない、ということではないのですが、会社化すれば、さらにダイナミックな節税をすることができます。

会社を作るということは、あなたはその会社の社長さんということになります。

社長というと、サラリーマンにとっての憧れでもあります。会社の中で社長になろうと思えば、自分の実力だけではどうにもならない部分が出てきます。周囲の人との相性や仕事の巡り合わせなど、運に頼らなければならない部分がけっこうあります。

でも自分で会社を作るのならば、運を当てにする必要はなく、自分の力だけで社長になることができるのです。しかも税金が安くなるというのです。こんなにおいしい話はないのではないでしょうか？

個人事業と会社とは、どう違うのか、ここで少しお話ししましょう。

独立して事業を行う場合、個人でやる「個人事業」と、法人登記して「会社の事業」として行う、2つの方法があります。

両者はどう違うかというと、簡単にいえば、法人登記しているかどうかということです。法人登記していれば、「会社」ということになり、していなければ「個人事業」ということになります。業務内容はほとんど同じでも、登記しているかどうかで、会社か個人かが区分されるのです。

個人事業と会社は、登記をするかしないかだけの違いですが、税金の申告において大きく変わってきます。

まず、課せられる税金から違ってくるのです。

個人事業の場合の税金は、個人の所得税・住民税・事業税などです。会社の場合は、法人税・法人住民税・法人事業税などです。

そしてもっとも大きく違うのは、代表者の報酬です。

個人事業の場合は、事業の利益は全部、代表者の所得ということになります。

しかし、会社の場合、代表者の報酬は会社の経費から支払われることになっていて、あらかじめ決められています。だから利益が出た場合は、代表者の報酬に加算されるの

サラリーマンが社長になるとなぜ節税になるのか

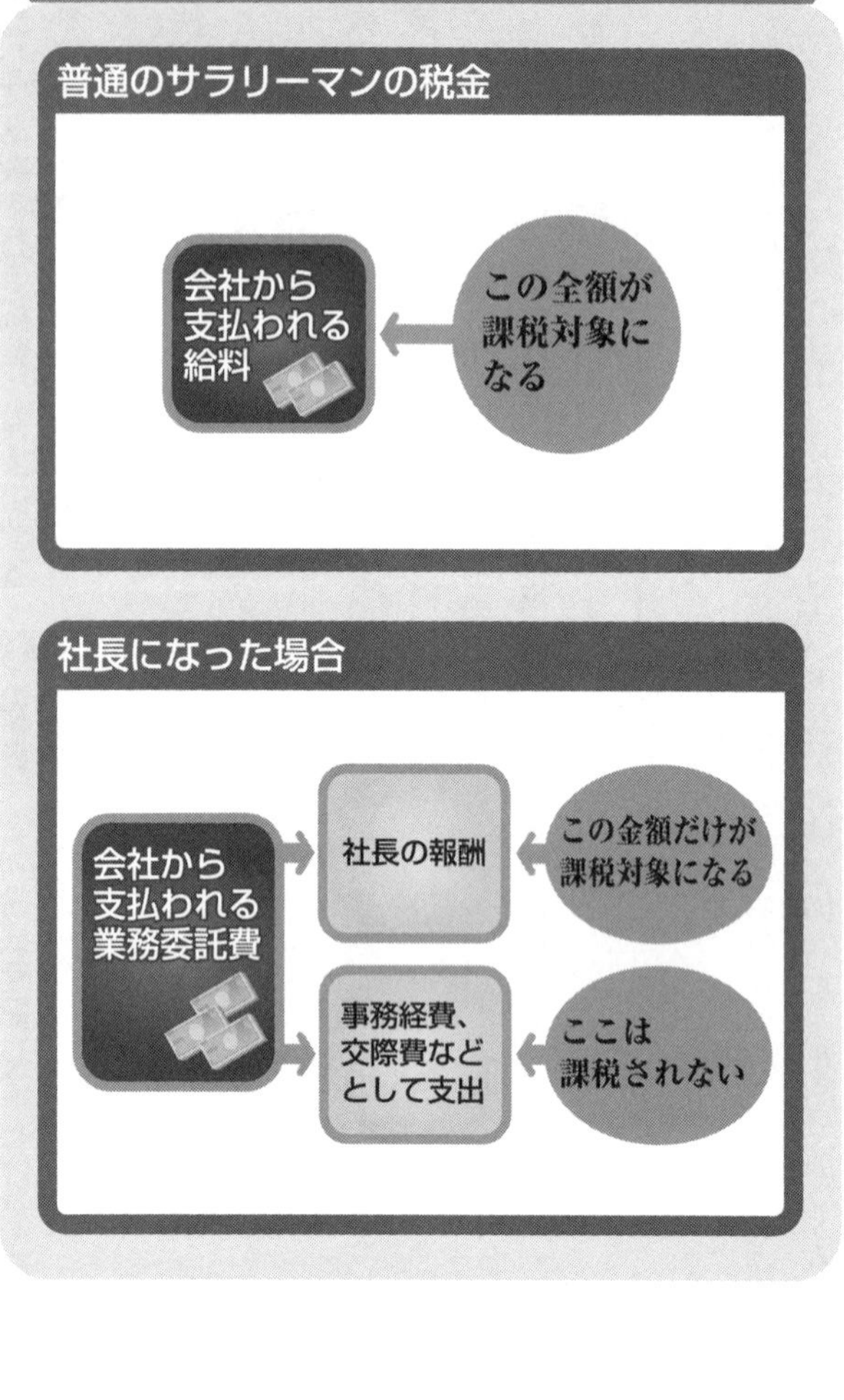

ではなく、会社の利益として計上され、法人税が課された後に、株主に配当されたり、役員に賞与として与えられたりするわけです。

法人化すればなぜ節税になるのか？

では、法人化（会社化）すればなぜ節税になるか、というと…。

ある業務委託で、年間1000万円の利益を上げられるとします。

これを個人事業で受ければ、その人の所得が1000万円ということになり、丸々1000万円に税金が課せられます。

でもこの業務を会社で引き受けて、1000万円の利益分を代表者への報酬として払うことにします。

代表者は経営者であっても、税務上はあくまで会社から報酬をもらっているサラリーマン、ということになります。

サラリーマンの場合、給料にそのまま税金が課せられるわけではありません。給料（年収）から給与所得者控除というものを差し引いた残額に税金が課せられるのです。

給与所得者控除というのは、サラリーマンの必要経費のようなもので、一定の率で給料から差し引けるという制度です。サラリーマンは必要経費が認められていないので、その不利を補うために作られている制度なのです。

年収1000万円ならば、220万円が給与所得者控除として差し引けます。なので、残額の780万円に税金が課せられることになるのです。

つまり、**個人事業で1000万円の収入を得るより、会社にして1000万円の報酬を得るほうが2割以上、税金が安くなる**のです。

さらに会社にすれば、妻などの親族に給料を払って自分の報酬を分散し、さらに税金を安くすることができます。

個人事業でも妻などの親族に給料を払うことはできますが、青色申告にしなければなりません。

概に述べましたが、青色申告というのは、帳簿をきちんとつけることで税金の特典を得られるという制度です。青色申告にするくらいなら、いっそ会社を作ったほうがいいと筆者は思います。

話を戻しましょう。

このように会社を作れば、個人事業よりも節税の幅が広がるのです。

ただ、注意しなくてはならないのは、会社を作って税金を安くするためには、計画的な会計をしなければならない、ということです。

先ほど述べましたように、会社の役員の報酬は、あらかじめ決めておかなければなりません。

もし思った以上に会社の利益が出たとしても、それは役員に報酬として出すことはできず（課税された後ならばＯＫ）、高率の法人税を課せられることになります。

その点、個人事業ならば、思った以上に利益が出ても、その分、自分の所得が増えるだけであり、法人税が課せられるわけではないので、会社に比べればダメージは大きくありません。

だから、**計画的な会計ができる人であれば、会社を作るメリットがありますが、そうでない人は個人事業でやったほうがいい**、ということです。

また会社を作り、維持するにはそれなりにお金がかかります。会社の経理では本格的な決算書などを作らなければならないので、税理士に依頼したりすることになるかもしれません。それはもちろん、無料ではありません。

だから事業の規模を見つつ、会社にするかどうかを検討しなければなりません。収入が少ないのに会社を作れば、節税をしてもそれ以上に経費がかかったりするものです。

どのくらいの規模ならば会社にすべきかは、業種によっても異なりますが、だいたい売上が1000万円以上でないと、会社にしてもそうメリットはないといえるでしょう。

会社を作るのは簡単

「社員が独立して会社を作るなんて、手続きが面倒じゃないの?」

こう思われた方も多いでしょう。

でも、手続きは面倒ではありません。社員が独立して疑似会社を作るのは、簡単です。

法務局に登記をすれば、すぐに会社はできるのです。登記費用が30万円ほど必要にな

ります が。ただこれは株式会社の登記費用のことであり、合名会社などでは、10万円弱で登記をすることもできます。

司法書士に頼めば、数万円でやってくれます。またちょっと時間はかかりますが、勉強すれば自分でやることもできると思います。

会社を作るというと、それなりのお金と、複雑な手続きが必要というような錯覚を持ちがちですが、そんなことはありません。だれでも資本金と登記費用を用意すれば、会社は作れるのです。資本金も、昔は最低でも300万円必要でしたが、今では1円でも作れるようになっています。

また会社を作る際には、従業員の数に制限はありません。従業員が自分1人、つまり社長1人の会社でも、登記さえすれば作ることができます。実際、日本には社長1人の会社など腐るほどあります。

このように、会社というのは手続きさえ踏めば簡単に作ることができるのです。役所が「あなたは会社を作ってはダメ」などと不許可にする、なんてことはないのです。

サラリーマンの独立の条件

サラリーマンが独立すれば、税金、社会保険料が安くなるとはいうものの、だれもがすぐに独立できるわけではありません。

サラリーマンが独立して、会社の仕事を請け負うということは、会社との関係は雇用契約ではなく、業務契約となるわけです。

雇用契約と業務契約というのは、同じではありません。両者には条件の違いがあるので、サラリーマンの仕事をそのまま業務契約にすることはできないのです。

一定の条件を満たしている場合にのみ、業務契約とできるのです。

その条件というのは…。

「1つの業務、プロジェクトなどを丸々任せられる人」です。

上司からいちいち指示を受け、逐一報告しなければならないような仕事をしている人では、「業務契約」という形は成り立ちません。上司の指示を受けるならば、税法上の経費として人件費という扱いになります。業務委託費にはできないのです。

だから逆にいえば、1つの業務を全部責任を持って遂行できるという人ならば、いつでも独立できるのです。

また独立しても、経理や会計がまったくできない人は、節税上のメリットはありありません。独立すれば、当然自分で確定申告しなければなりません。詳しくは94ページを参照してください。

細かく経費を積み上げることによって、税金は安くなるわけなので、その作業ができない人は、独立するメリットはあまりないのです。

以上のことをまとめますと、**独立して業務提携することに向いているサラリーマンは、**

「上司の指示を受けずに、1つの業務を引き受けることができる人」

「細かい経理の作業も厭わない人」

ということになります。

勤めている会社の子会社にしてもらう

サラリーマンが独立して会社と業務契約をする場合、もっとも懸念されることは、

「社員としての身分保障がなくなる」ということでしょう。

「サラリーマンの独立」を推奨する経済評論家などはけっこういますが、この論がいまひとつ盛り上がらないのは、この懸念があるからといえるでしょう。

なんやかんやいっても正社員というのは、労基法できっちり身分が保障されています。正社員でなくなれば、会社は非常に簡単に業務関係を切ることができるようになります。

昨今の不況のおり、これは大きな懸念材料といえるでしょう。

しかし、この懸念を解消する方法もいくつかあります。

まずひとつは、独立するときに、会社の子会社の社長という形態をとってもらうことです。そして労働協約も本社と同じ条件にしてもらうのです。そうすれば、普通に子会社へ転籍したのと同じことになり、社員としての身分も守られます。

だから可能ならば、今の会社の子会社を作るという形で、独立させてもらうことです。そうすれば、「会社から切られる」という不安もなくなります。

会社に長期業務契約を結んでもらう

子会社にすることのほかにも、身分を保障する方法はあります。**会社に長期業務契約を結んでもらう**ことです。

長期間、一定以上の取引を行うように契約を結んでおくのです。そうすれば、会社のほうも簡単に切ることはできません。

ただやはり、会社にとってあまり必要でない人材が独立することは、現実的にはけっこう難しいものがあるといえます。

子会社にしたり、長期契約を結んだりしても、不要な人材ならば、適当にあしらって契約を切ることはできますから。

不要な人材が切られることは正社員であっても同じですが、正社員のほうが子会社や長期契約者より法的に守られている部分が強いといえます。

だから、その点はしっかり分析して、自分が会社にとって有用な人物かどうかを判断しておかなければなりません。

独立に際しては、自分にしかできない業務、技術を持っている人が強いのです。

人づきあいが悪くて出世が遅れていても、その人にしかできない技術があって、それが会社にとって必要不可欠ならば、会社はその人に頼まざるを得なくなります。だから、そういう人は独立しやすいといえます。

逆に総務部系の人は、どんなに優秀であってもあまり独立には向きません。そういう人は、会社の中にいてこそ力を発揮できるわけですから。

公私混同で経費を積み上げる

経費を積み上げて税金、社会保険料を安くするには、公私混同をするのがもっとも効果的です。

公私混同といっても、本当に公私混同をすれば税務署から追徴されてしまいます。そうではなく、巧妙に、私的な経費を業務の経費に入れ込むのです。

業務の経費には、家賃・福利厚生費・交際費・人件費・旅費・通信費など、様々なものがあります。主なものを図に挙げています。

これらの経費を上手に使って、経費を積み増していくのです。

会社を作れば、こんなに経費にできる

会社経営における主な経費

家賃	事務所や仕事をしている場所の家賃
福利厚生費	従業員（自身も含む）の福利厚生のための支出。観劇やスポーツジムの会費など
交際費	仕事の関係者などと交際したときの費用
人件費	家族を社員にしたりしたときの給料
旅費	仕事関係で旅行、出張などをしたときの費用
通信費	電話、FAX、携帯、パソコンなどの費用

家賃では、自宅の家賃を事業の経費で落とすこともできますし、福利厚生費では、スポーツジムの会費を経費で落とすこともできます。

交際費では、友人との飲み会の経費を落とすことができますし、人件費では妻や家族を社員にすることで、給料を分散することができます。旅費として個人的な旅行を事業の経費で落とすこともできますし、通信費では自宅パソコンや携帯代も経費で落とすことができます。

以上のことは、通常ならば私的費用に含まれることなのですが、一定の条件を満たしていれば経費として認められるのです。

では次項以下で、どういう条件を満たしていれば、それが可能になるかということをご説明しましょう。

自分の妻に給料を出す

疑似会社を作れば、自分の妻を社員にして、自分とは別に給料を払うこともできます。これは大幅に税金、社会保険料が安くなります。

たとえば、これまで会社から給料を５００万円もらっていたとします。その５００万円を疑似会社の中で、自分への役員報酬４００万円、妻への報酬１００万円という具合に分けて払うのです。

そうすれば、これまで５００万円の所得だったのが、４００万円に減るわけなので、概算で税金、社会保険料合わせて50万円くらいの節減になります。

妻に給料を払えば、妻が税金を払わなくてはならないケースも出てきます。でも、１０３万円までは税金はかかりません。

なので、１０３万円を目途に妻に報酬を払うのです。

「妻を社員にするといっても、妻は仕事できないし…」

などと思ったあなた、真面目ですねえ。

仕事というのは、別にあなたと同じような仕事をしなければならない、ということはないのです。奥さんには奥さんの仕事をしてもらえばいいのです。

たとえば、事務所の掃除をしてもらう、客がきたときにお茶を出してもらう、電話をとってもらう、それだけで月収20〜30万は出してもおかしくないのです。

だから、年間１００万円程度の給料ならば、十分に出していいのです。実際、同じことを他人にしてもらおうと思えば、それ以上の給料は出さないとならないのですから。

接待交際費を使いまくれ！

独立をすれば、接待交際費も経費で落とすことができます。

個人事業者ならば原則として無制限ですが、会社形態にしていれば４００万円までの接待交際費を出すことができます。ただし、会社の場合は、交際費の10％は利益に加算しなければなりません。

よく会社経営者や個人事業者などの知人と飲みに行ったりすると、「いいよ、ここは俺が払うよ、経費で落とせるから」などといって、支払いをしてくれることがあります。それと同じことが、あなたにもできるようになるのです。

「俺は取引先と飲みに行ったりしないよ」

などと思った方もいらっしゃるでしょう。

けれど、接待交際費というのは、何も取引先と飲みに行ったときしか使えないわけではありません。

少しでも事業に関係する交際費、少しでも仕事に結びつきそうな交際費ならば、接待交際費として認められるのです。

1人当たり5000円以内の飲み会ならば全額経費にできる

接待交際費は、先ほども述べましたように会社の場合は全額経費にできません。中小企業でも、400万円までという縛《しば》りがありますし、しかも経費にできるのは、かかった費用の90％だけです。

この交際費をもっと拡充して使う方法もあります。

というのは現在、特例で1人当たり5000円以下の飲食費は、「会議費」として全額経費に計上できるようになっているのです。だから、飲み会を1人当たり5000円以下にすればいいのです。

しかも、これは平均して「1人当たり5000円以内」であればよく、1人1人の限度額が5000円というわけではありません。

だから接待するときに、1人当たり5000円を超えそうなときには、あまり飲食しない人を呼んで、1人当たりの金額を5000円以下に下げればいいのです。

まあ、こういうように会社を作れば、節税の方法は飛躍的に広がるのです。

ベンツに乗って大幅節税

会社や個人事業を経営するときの醍醐味というのは、経費を自由に使えるということです。そして事業の経費というのは、かなり広い範囲で認められているのです。

たとえば、自動車。

会社を作れば、自動車も会社のお金で購入できるのです。もちろん、会社の業務で全く自動車を使わないのに、自動車を買うことはできませんが、ある程度、使用するのであれば、堂々と「社用車」とすることができるのです。

もしお金があるのなら、ベンツなどを買っても構いません。ベンツで得意先を回ったり、出張したりすることがあれば、立派に社用車として通用するのです。

中古ベンツにすれば、かなり節税になります。

自家用車というのは耐用年数は6年ですが、中古車の場合の耐用年数は、経過年数の8割を差し引くことになっています。1年未満の端数は切り上げになります。なので、4年落ちの中古ベンツを買えば、耐用年数は2年となり、最初の年に購入費の半分以上を経費で落とすこともできるのです。

ベンツの場合、4年落ち10年落ちでもけっこういい値段がします。

だから、4年落ちのベンツを買って、2年で減価償却を終えてしまえば、その**ベンツは帳簿上は無価値だけれど、実際には大きな価値を持つ「簿外資産」となる**のです。そしていざというときには、そのベンツを売ればいいわけです。

ベンツなんか乗っちゃうと、もう本当に社長さんって感じですね。

家賃を会社から払わせる

賃貸住宅に住んでいる人は、その賃貸住宅を会社の借り上げということにして、会社の経費から家賃を払うこともできます。

社宅ってありますよね？

会社が社員のために建てた住宅のことです。

そして社宅は、市場よりもかなり低い値段で借りることができます。それはなんらかの形で、家賃分を会社が負担しているからなのです。つまりは、家賃の大部分を会社の経費で落としているわけなのです。

その社宅のメリットを、賃貸住宅を会社の借り上げにすることで、使おうというわけです。

なぜ会社が賃貸住宅を借り上げたら節税になるのかというと、**会社の負担した家賃については、経費で落とすことができます。そして、社員（役員）が家賃のだいたい半分以上を払っていれば、給料としての扱いをしなくていい**のです。99㎡以下の住宅なら、社員（役員）は家賃の20％を負担していればＯＫです。

同じような金銭的メリットでも、給料としてもらえば、その社員（もしくは役員）の給与所得ということになり、所得税の対象となります。でも、その金銭を給料ではなく家賃の肩代わりという形で出してもらえば、所得税の対象とはならないのです。

たとえば、家賃12万円のマンションを会社の借り上げにしてもらい、自分は４万円だけ負担するとします。差し引き８万円を会社が負担しているわけです。

この8万円は、会社は経費で落とすことができます。そして社員は、この8万円には所得税はかかりませんし、社会保険料の対象からもはずされます。

となると、年間で96万円も、税金や社会保険料の対象となる所得を減らすことができるのです。税金、社会保険料と合わせて、少なくとも40万円程度の節減になります。

福利厚生費を使えば大幅節税

福利厚生費という言葉、ご存じの方も多いはずです。

企業が従業員の福利厚生のために使う費用のことです。従業員の健康や娯楽などに使えるお金です。

もしあなたが会社を作れば、この福利厚生費も使うことができるようになるのです。

たとえば、スポーツジムの会費。

昨今のメタボリック蔓延社会の中、スポーツジムに通って健康を維持しようという方も多いと思われます。その費用は、会社の経費から出すことができるのです。

また観劇やスポーツ観戦。

年に何回か、サッカーや野球、コンサートに行くという人もいると思われます。そういう費用も会社から出せるようになるわけです。

「社長が1人しかいない会社なのに、福利厚生費を出すことができるの？」

と思う方もいるでしょう。

それができるんです。

従業員が何人であろうと、社長1人しかいない会社であろうと、会社という形態である限り、従業員（社長も含む）の福利厚生のために使われる費用は、会社の経費として計上できるのです。

会社を作らなくても（個人事業でも）、福利厚生費を計上することはできます。ただ、この場合、まったく自分のために支出する費用ということになりますので、「公私混同ではないか」と税務署に厳しくチェックされる恐れがあります。

でも会社の場合、就業規則などで福利厚生に関することをきちんと記しておいて、その通りのことを行っていれば、税務署からとやかくいわれることもありません。

福利厚生費にはどんなものがあるのか？

もちろん、福利厚生費としてまっとうなものかどうかというのは、配慮しなければなりません。

税法では、何が福利厚生費で、何が福利厚生費でないか、ということの明確な線引きはありません。社会通念上に照らし合わせて妥当なもの、ということになっているのです。これが難しいわけですが。

スポーツジムなどは、社会通念上に照らし合わせても、福利厚生費として十分いけます。しかし、自分のゴルフセットを自分だけ購入して、それを福利厚生費とするのはちょっとまずいかもしれません。

サッカーなどのスポーツ観戦、コンサートなどの観劇費用もＯＫです。ただ、回数はちょっと考えなければなりません。年に数回程度ならばいいでしょうが、毎月行くとなると、ちょっとまずいでしょう。

また**福利厚生費は、社員皆が平等に恩恵を蒙ること**になっていなければなりません。

社長だけがスポーツジムの会員になって、他の社員はまったく除外されているような場合は、福利厚生費としては認められず、社長の報酬ということにされてしまいます。

だから福利厚生費は、原則、だれでもが享受できるようになっていなければならないのです。

もちろん希望しない人に、無理やりスポーツジムに通わせる必要はありません。「希望すれば、だれでも可能」ということになっていればいいのです。

社長1人の会社の場合、他の社員のことは考えなくてもいいですが、一応、建て前として、もし社員が入ってきたときには、自分と同じような福利厚生を受けられるようにしなければならない、ということを頭に入れておいたほうがいいでしょう。

何はともあれ、福利厚生費を使えば、それまで自腹を切っていたものを切らずに済むことが多々出てくるわけです。

これをうまく使えば、相当な節税ができるのです。

旅費を使いまくる

旅費というのも、有効な節税スキルになります。

旅費というのは、その名の通り会社の業務で旅行をしたときの経費のことです。

「俺の仕事は出張などほとんどないから、旅費なんて関係ないよ」

と思ったあなた、それは早計というものです。

「会社の業務で旅行をする」

これは別に出張とは限りません。

会社の業務での旅行には様々な名目があります。営業での旅行、関係会社との打ち合わせ、そのほかにも「視察旅行」などもあります。

視察旅行というのは、会社の業務に関係するモノを視察するための旅行です。

この「視察旅行」ほど、都合のいい旅行はありません。だって、会社の業務に関係するかどうかというのは、こじつけようと思えばいくらでもこじつけられるのです。

和菓子の製造業者が、フランス、イタリアのスイーツを視察に行く、なんてのもアリですし、将来、アジアに進出するために中国の市場を視察するというのもアリです。つまり、どこかに旅行したいとき、「視察」という形態をとれば、会社の金で行くことができるのです。

これは、政治家の先生やお役人の得意技だといえます。

議員や官僚はときどき視察旅行などをしますが、その大半は「遊び」ですからね。適当に理由をつけて予算を取って、遊びに行っているんです。内部にいた人間がいうんだから、間違いありません。

それをあなたも利用すればいいのです。

旅行好きの人には、「旅費」はたまらないアイテムといえるでしょう。

ただし、視察旅行で気をつけなくてはならない点があります。

それは、あくまで視察旅行という建て前は崩してはならない、ということです。つまり、視察旅行という名目で旅行をしているのに、観光地ばかりしか行っていないような場合は、まずいということです。またレポートや業務記録などがまったく残っていないのも、おかしいでしょう。

最低でも日程の半分以上は、「本当の視察」を入れるべきですし、業務記録なども残しておくべきでしょう。

コラム3　〜海外に住めば税金はかからない〜

税金を払わないための究極の方法ってなんだと思います？

その答えは「海外逃亡」といえるでしょう。

海外に行けば、日本の税金はほとんど払わなくてよくなります。

「タックスヘイブン」という言葉、聞いたことありません？

これは直訳すると税金天国ではなく、租税回避地ということになるんですが、簡単にいえば税金が驚くほど安いところなのです。

そのタックスヘイブンに住めば、住民税や所得税が、日本よりもはるかに格安になるのです。

次のページの図のように、日本の税金がかかるのは、日本からの所得がある人だけ、それも制限的にしかかからないのです。

で、外国人のための住民サービスも整っているところが多く、外人さん大歓迎の地域なのです。

このタックスヘイブンは、南太平洋の小国、ケイマン諸島などが有名ですが、日本の近場にもあります。香港やシンガポールもタックスヘイブンといえます。

なので昨今、金持ちたちはこぞって海外に住居を移したり、企業の本拠を移したりしています。

かの村上ファンドの村上世彰氏がシンガポールに拠点を移そうとしていたのは、記憶に新しいところです。

「サラリーマンは外国に住んだりできないよ」

と思った方、あきらめることはありません。

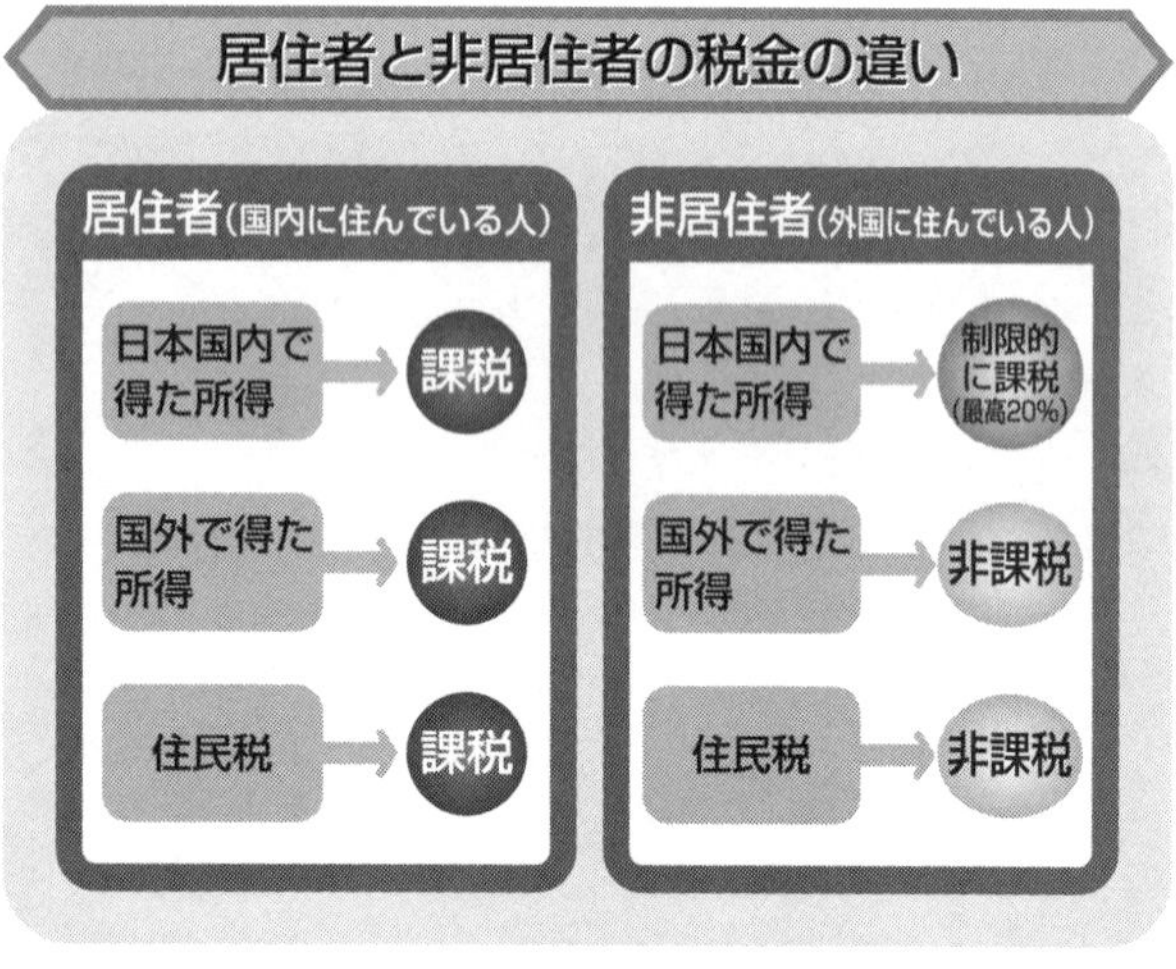

定年退職になれば、外国に住むという手もあるのです。

「定年後では、所得税もかからないし、タックスヘイブンに行く必要はないよ」と思われた方、それはその通りです。でもタックスヘイブンは、所得税だけではなく、住民税や社会保険料も安いところが多いのです。もちろん物価も日本よりはずっと安い。

定年退職1年目は、住民税がけっこう大きいはずです。住民税は前年の所得に応じてかかってきますからね。

だから、定年退職1年目に海外移住してみたらどうですか？

前ページの図のように、非居住者（外国に住んでいる人）は、国外から得られる利子や配当所得などにも税金はかからないので、退職金をタックスヘイブンの銀行に預けるなどすれば、悠々自適の生活が送れるかもしれませんよ。

あとがき

これを書いているのは2012年9月です。

つい先月（2012年8月）、消費税の増税法案が可決してしまいました。私はこの状況を非常に危惧しています。

本文でも触れましたが、消費税は低所得者ほど負担の大きくなる税金です。日本はどんどん格差社会になっているのに、それをさらに加速させる増税をしてどうするつもりなんだろう？　と思います。

また日本は、バブル崩壊以降、深刻な消費低迷に悩まされています。低迷している消費にさらに増税すれば、消費がさらに冷え込むのは目に見えています。

こういうことをいうと、「じゃあ、税金はどこから取ればいいんだ？」と思われる方も多いでしょう。日本は巨額の財政赤字や、高齢化社会などで今の税収ではとても追いつかない。だから消費税の増税はやむを得ないと思っている人も多いでしょう。

しかし、消費税じゃなくても、増税するところはあります。税金というのは、お金があるところから取るのが筋です。

今、日本で一番お金を持っているのは、大企業と金持ちです。

バブル崩壊以降、日本経済は低迷しているといわれていますが、その陰で実は大企業はしっかりお金を貯めこんでいるのです。

企業の内部留保金は、現在300兆円近い金額に達しています。現在の国税収入の7〜8年分という巨大な額です。そして現在の企業の内部留保金は、ほとんどが設備投資などには使われず、現金預金、金融資産として会社に貯めこまれているのです。これだけの巨額のお金が会社の中で眠っていることが、日本経済の金回りを悪くしている要因でもあります。

しかも、企業の内部留保金というのは、バブル崩壊以降、ずっと増え続けているのです。2000年には180兆円程度しかなかったものが、現在は300兆円近くに達しているのです。この10年、サラリーマンの給料はずっと下がりっぱなしなのに、会社はしっかりお金を貯めこんでいたのです。

また億万長者の数も、この10年で激増していることは、本文で述べたとおりです。

これを見たとき、今どこに税金をかけるべきかは明白です。

「企業や金持ちに増税すると、彼らが海外に逃げる」

と思っている方も多いでしょう。でも、それは、財界の連中が「自分たちに増税させないため」の詭弁に過ぎません。今の税制では、「日本で金儲けをしている日本人（日本の企業）」が海外に逃げ出すことはできません。海外に出ていくのは、海外で金儲けをしている人（企業）、そして日本国籍を捨てた人です。

日本でお金を貯めこんでいる企業や人というのは、日本で金儲けをしてきた人たちです。彼らは海外に出て行っても、金儲けはできません。だから、彼らは日本にとどまらざるを得ないのです。

また海外に進出する工場などは、税金の安さを求めているわけではありません。法人税というのは、事業経費の中では1％にもなりませんので、法人税が高いか安いかというのは、企業活動にはほとんど関係ないのです。海外に進出する工場のほとんどは、現地の人件費や土地代、材料代の安さに惹かれてのことなのです。こういう企業は、日本の税金の多寡にかかわらず、海外に出ていくものなのです。

だから、今、日本がしなければならないことは、企業や金持ちに「ちゃんと税金をかける」ということなのです。これだけ格差社会になったのも、近年の大企業優遇、金持ち優遇政策のせいなのです。

不景気といえども、日本は世界第3位の経済大国ですし、国民1人当たりの外貨準備高は世界一です。つまり、実質的には世界一の金持ち国なのです。そういう金持ち国で、当たり前に働いても生活できないワーキングプアが生まれたり、失業して自殺する人が激増するようなことなど、普通はありえないわけです。これは、つまりは、儲かった人、金を持っている人が当たり前に税金を払っていないからこういうことになるのです。

我々は、今の税制に素直に従ってはいけません。その意思表示の1つとして、サラリーマンの方々もできる限りの節税をしてほしい、そんな思いで本書を執筆した次第です。

最後に、この本の制作に尽力していただいた皆様にこの場をお借りして御礼を申し上げます。

2012年秋　著者

大村大次郎（おおむら　おおじろう）
国税局に10年間、主に法人税担当調査官として勤務。退職後ビジネス関連を中心にフリーライターとなる。単行本執筆、雑誌寄稿、ラジオ出演、フジテレビ『マルサ!!』、テレビ朝日『ナサケの女』の監修等で活躍している。著書は『その税金は払うな！』（3刷）『悪の会計学』（4刷）、『悪の税金学』（4刷）、『悪の経営学』（3刷）、『悪の経済学』、『悪の起業学』（以上双葉社）、『あらゆる領収書は経費で落とせる』（中央公論新社　15刷11万部）、『決算書の9割は嘘である』（幻冬舎　3刷1万5千部）、『無税生活』（ベストセラーズ　4刷2万部）、『脱税のススメ』（彩図社　3刷2万部）など多数。

双葉新書 046

税務署《ぜいむしょ》が嫌《いや》がる「税金《ぜいきん》0円《えん》」の裏《うら》ワザ

2012年11月11日　第1刷発行
2013年 2 月28日　第5刷発行

著　　者　大村大次郎《おおむらおおじろう》
発 行 者　赤坂了生
発 行 所　株式会社双葉社
〒162-8540 東京都新宿区東五軒町3番28号
電話 03-5261-4818（営業）03-5261-4869（編集）
http://www.futabasha.co.jp/
（双葉社の書籍・コミック・ムックが買えます）

装　　幀　妹尾善史
印刷所・製本所　中央精版印刷株式会社
編　　集　株式会社菊池企画

ISBN978-4-575-15398-9 C0295